# A POESIA VAI À ESCOLA
Reflexões, comentários e dicas de atividades

Coleção
Formação
Humana
na Escola

Neusa Sorrenti

# A POESIA VAI À ESCOLA
## Reflexões, comentários e dicas de atividades

2ª edição
1ª reimpressão

**autêntica**

CAPA
*Patrícia de Michelis*
*(sobre pintura de José Heleno Sorrenti)*

EDITORAÇÃO ELETRÔNICA
*Conrado Esteves*

REVISÃO
*Cecília Martins*

Revisado conforme o Acordo Ortográfico da Língua Portuguesa de 1990, em vigor no Brasil desde janeiro de 2009.

## AUTÊNTICA EDITORA LTDA.

**Belo Horizonte**

Rua Aimorés, 981, 8º andar
Funcionários . 30140-071
Belo Horizonte . MG
Tel.: (55 31) 3214 5700

Televendas: 0800 283 13 22
www.autenticaeditora.com.br

**São Paulo**

Av. Paulista, 2.073, Conjunto Nacional,
Horsa I, 11º andar, Conj. 1.101
Cerqueira César . 01311-940
São Paulo . SP
Tel.: (55 11) 3034 4468

Sorrenti, Neusa
S714a    A poesia vai à escola: reflexões, comentários e dicas de atividades / Neusa Sorrenti. — 2. ed.; 1. reimp. — Belo Horizonte : Autêntica Editora, 2013.

168 p. — (Formação humana na escola, 6)

ISBN: 978-85-7526-255-9

1.Poesia-estudo e ensino. I.Título.II.Série.

CDU 82-1:371.3

Ficha catalográfica elaborada por Rinaldo de Moura Faria – CRB6-1006

Dedico o presente trabalho

Aos meus professores: pássaros mágicos se desdobrando em harmonias.

Aos educadores que participam de minhas oficinas de Leitura e Literatura e me ensinam dores e amores do ofício.

Aos poetas, ilustradores e pesquisadores por cederem seus trabalhos, iluminando este livro.

# Sumário

# Começo de conversa

Caro Professor,

Você já escreveu um poema? Já promoveu um sarau de poesia na sua escola? Já se emocionou ao ler poemas feitos por seus alunos – poemas escritos às pressas em pedaços de papel ou às vezes escritos em folhas enfeitadas cheirando a rosa e jasmim? Algum aluno já lhe perguntou o que é um poema ou o que é poesia... e para que servem?

Pois bem. Creio que para todas (ou quase todas) essas perguntas as respostas tanto poderiam ser afirmativas ou negativas. Não importa. De qualquer modo, convido você a conversar comigo sobre poesia, principalmente sobre poesia na escola. Minha fala, eu a deixo no papel. A sua pode pousar no silêncio da leitura ou ser traduzida em exclamações; "Também acho isso!" "No meu tempo era assim!"

Comece lembrando de sua vivência poética de quando era criança, bem antes de ir à escola. Antes de se tornar leitor, você já foi ouvinte de histórias, de poemas e de uma porção de cantigas. Que podem ser relembradas agora. Em seguida, percorra os capítulos deste livro.

Tentei abordar no meu texto determinados aspectos do trabalho com a poesia considerados importantes e/ou polêmicos pelos professores e pelos profissionais que atuam nas bibliotecas. Fui anotando as dificuldades, selecionando os temas, buscando caminhos, por ocasião de cursos, encontros e seminários sobre leitura e literatura, dos quais participei e participo, como docente, há mais de 10 anos.

Além disso, inseri neste livro algumas partes de minha dissertação de mestrado, defendida na PUC Minas, em maio de 1998, intitulada *Voz de criança na lírica de Mario Quintana*. Foi um trabalho danado escrevê-la, mas valeu a pena pesquisar mais, juntar retalhos aqui e ali, pensar e repensar, formar uma opinião e concluir. A sorte é que o assunto era... poesia.

Porque sempre gostei de poesia. Sempre achei que poesia não é coisa para lunáticos e desocupados, como pensam alguns. A poesia nos torna mais críticos e mais participantes. E o que é melhor: permite um olhar emocionado em direção ao outro.

Este trabalho é para professores do Ensino Fundamental, educadores em geral, adultos, pais... Enfim, para todos aqueles que se interessam por poesia e até mesmo para aqueles que ainda não tiveram a oportunidade de conhecê-la, seja por falta de tempo ou de curiosidade.

Então vamos nos aventurar. E refletir sobre a importância da poesia na escola e o prazer da sua (re)descoberta. Como uma violeta em botão escondida no meio das folhas, vamos deixá-la desabrochar. Nunca é tarde para inventar um vasinho de poesia-violeta no coração do aluno – de qualquer idade –, cuja beleza e sensibilidade o alimentarão por toda a vida.

Neusa Sorrenti

# Poesia para crianças:
## que poesia é essa?

A questão dos textos poéticos estudados na escola ontem e hoje

A relação adulto / criança na seleção dos textos

A existência ou não de uma poesia para crianças e uma poesia para adolescentes

*Da mesma idade*

*A criança que brinca e o poeta que faz um poema têm ambos a mesma idade mágica.*

Mario Quintana

Se o texto narrativo para crianças, no Brasil, passou por tantos percalços, o que dizer da poesia produzida para esse mesmo destinatário? Pode-se adiantar que sua trajetória não foi muito diferente daquela conhecida pelo texto em prosa, uma vez que ela herdou os mesmos princípios que nortearam por tanto tempo a narrativa infantil: o atendimento a uma demanda prática, de ordem pedagógica, com o objetivo de preservar valores didático-moralizantes.

Outro aspecto que parece concordar com o que se deu com o texto em prosa foi a questão da tradução de modelos estrangeiros, principalmente do lusitano. Para nós, brasileiros, os primeiros módulos de poesia infantil, veiculados nas cartilhas ou livros de leitura, foram portugueses. O mais importante deles, em termos de influência, foi o livro de João de Deus (1830-1896), poeta português, nascido em São Bartolomeu de Messines, autor de *Campo de flores*, *Folhas Soltas* e *Prosas* e, segundo Nelly Novaes Coelho, autor de uma das cartilhas mais difundidas no Brasil, a *Cartilha Maternal* (1877), muito utilizada em programas de ensino das primeiras letras (COELHO, 1991, p. 202).

Entre os primeiros autores de poesia para crianças, no Brasil, podem ser nomeados: Francisca Júlia, Zalina Rolim e Presciliana Duarte de Almeida. Mas o grande "modelo" do gênero foi, sem dúvida, Olavo Bilac, que publicou o seu *Poesias infantis*, em 1904, e assim acabou criando uma legião de admiradores. Pelo menos é o que se pode pensar, uma vez que o referido livro teve dezenas de reedições até os anos 1950/1960.

Francisca Júlia da Silva Munster (1871-1920) foi uma figura das mais festejadas na poesia brasileira do final do século, e teve grande influência no processo de renovação do ensino para crianças. Publicou *O livro da infância*, coletânea de recitativos, adotado em 1900 por quase todas das escolas oficiais de São Paulo, e *Alma infantil*, em colaboração com o irmão Júlio César da Silva, publicado em 1912, e também adotado nas escolas durante anos. É possível encontrar quem se lembre do seu poema "O patinho", aquele que mal saiu da casca do ovo, busca as águas do regato...

A paulista Zalina Rolim (1869-1961) escreveu principalmente poesia. O *Livro das crianças*, que contém contos e historietas em versos foi publicado pelo governo de São Paulo. É muito lembrada pelo seu poema "Cetim" (1897), que fala do gatinho "alegre e mansinho e gosta de mim" (COELHO, 1991, p. 207), que muitos alunos decoraram e que deixou rastros de lembrança da infância. Seus elementos simples e ingênuos sobrevivem ao tempo, além de contar com um bom tema e boa cadência.

Já Presciliana Duarte de Almeida (1867-1944) foi uma mineira que se destacou no movimento cultural, literário e educacional paulista. Em 1914, escreveu o livro de leitura chamado *O livro das aves*, uma antologia em prosa e verso, muito adotada nas escolas de São Paulo.

Acompanhando o itinerário dos textos direcionados às crianças, não é difícil constatar que o número de poetas é bem menor que o número de autores que se dedicaram à prosa infantil no Brasil de entresséculos. Observa-se que Olavo Bilac explicita os critérios de como compor um poema para crianças, e foram muito lidos na época – fins do século XIX e início do século XX – mas deixam (entre) ver a intenção de ensinar algo para servir "de lição" para os tempos futuros. Siga-se, como exemplo, o poema "A casa":

> [...]
> E, quando homem, já velho e fatigado,
> Te lembrarás da casa que perdeste,
> E hás de chorar, lembrando o teu passado...
> – Ama, criança, a casa em que nasceste!
>
> (Olavo Bilac. *Poesias Infantis*. Francisco Alves, p. 125-126)

Na própria apresentação de seu *Poesias infantis*, Bilac notifica ao leitor as suas intenções e preocupações, à época de sua publicação em 1904:

> [...] Não sei se consegui vencer todas essas dificuldades: O livro aqui está. É um livro em que não há os animais que falam, nem as fadas que protegem ou perseguem crianças, nem feiticeiras que entram pelos buracos das fechaduras; há aqui descrições da natureza, cenas de família, hinos ao trabalho, à fé, ao dever; alusões ligeiras à história da pátria, pequenos contos em que a bondade é louvada e premiada [...]. Quis dar à literatura escolar do Brasil um livro que lhe faltava. (*apud* ZILBERMAN; LAJOLO, 1998, p. 273-274)

Ao eliminar a fantasia, o maravilhoso, de seu livro, Bilac, muitas vezes, opta pela adoção do caráter pedagógico-moralizante de seus poemas. Eivadas de maniqueísmo patente, tais volumes permearam a literatura escolar da época, e suas pegadas ainda se fazem notar, aqui e ali, na produção mais recente.

Poetas do passado como Martins Fontes, Gonçalves Dias, Vicente de Carvalho, Casimiro de Abreu e Castro Alves tiveram seus trabalhos publicados em antologias infantis, e foram muito lidos.

Não queremos tecer aqui comparações demoradas entre os poetas do passado, especialmente Bilac, e os poetas contemporâneos. Cumpre apenas lembrar que os tempos mudam, e as tendências também; ou seja, cada tempo vê o mundo como lhe parece.

A visão de mundo veiculada pela poesia de entresséculo, de modo geral, tendia a favor dos pais, mestres e adultos, enquanto que, na modernidade, essa visão muda consideravelmente. Já é possível falar, então, das asperezas da vida e do convívio, o ilogismo aparece para suscitar o questionamento das aparências, e o cômico se funda sobre o inesperado e o rebelde, e não sobre o defeituoso (BORDINI, 1986, p. 67).

É sabido que os poemas, assim como as histórias direcionadas às crianças podem versar sobre os mais variados conflitos, estados de espírito e sentimentos. Além de poder frequentar os temas mais variados, a poesia infantil não quer apenas se adequar ao leitor, como se isso fosse um critério rígido preestabelecido. Longe disso, a poesia para crianças define-se como a que a criança também lê e aprecia, não sendo uma poesia menor. O mergulho no texto poético costuma ser mais intenso que o mergulho no texto em prosa, em que a criança faz um pacto de faz de conta com o narrador. O poema, extremamente sintético, apresenta condensadas as emoções e as ideias, projetadas em imagens associativas.

A poesia contemporânea de qualidade tem caminhado no sentido de desfazer os clichês, as metáforas cristalizadas, o simbolismo hermético, para restaurar a palavra no seu cerne. Os propósitos pedagógicos, muitos deles apresentados sob forma de clichês, agora cedem lugar ao pensamento poético esteticamente comprometido com a arte. E a escola precisa reavaliar isso.

Enquanto Bilac apregoava, na sua apresentação do *Poesias infantis*, a presença de hinos ao trabalho, à fé, ao dever, em detrimento da fantasia, Carlos Drummond de Andrade contesta:

> O que eu pediria à escola... era considerar a poesia como primeira visão das coisas e mesmo veículo de informação teórica e prática, preservando em cada um o fundo mágico, lúdico,

intuitivo e criativo que se identifica com a sensibilidade poética. (*apud* YUNES, 1988, p. 83)

Seria procedente comentar, então, sobre quem produz poesia infantil. Sem sombra de dúvida, é o adulto. E quem a vivencia? A criança.

Desse adulto emana, por vezes de forma truncada, a visão do mundo que se imagina ser a da criança, ou quem sabe, a visão que o adulto quer que ela possua. No entanto, a criança distingue bem poesia de instrução. Se não o faz no plano do saber, ela o consegue no plano do sabor, do prazer. A repressão, familiar ou escolar, é sua velha conhecida, e aparece quase sempre para cercear a sua inventividade. Reconhecida no texto, torna-se fácil para ela fazer a distinção acima descrita: o que é imagem poética e o que é doutrinação.

Ainda bem que há poesia, mesmo que pouca, respeitando a infância, oferecendo-lhe a possibilidade de combinar sons e imagens, satisfazendo seu gosto pela criatividade, pela experimentação linguística e pela reelaboração do real. Mesmo parecendo ter o adulto como destinatário, vem surgindo uma poesia que poderia ser chamada de sem-idade, porque reorganiza a realidade próxima da infância em esquemas mentais e corpóreos, isto é, observando aspectos relacionados ao entendimento, ao som e ao ritmo.

Segundo Antonieta Cunha (1976, p. 33), nas obras poéticas de nossos grandes escritores, como Cecília Meireles e Henriqueta Lisboa, por exemplo, está a melhor poesia para a infância. Pelo fato de não escreverem especificamente para crianças, o poeta fica mais longe dos dois pontos negativos da obra destinada aos pequenos leitores: o tom moralizador e a puerilidade.

Trata-se de uma produção lírica não rotulada, mas passível de compreensão pelos novos receptores, apenas se ressentindo de um projeto gráfico compatível com aquele idealizado propositalmente para fascinar o pequeno leitor.

Inscrevendo-se nesse propósito de respeito à infância e preenchimento de suas necessidades de ludismo e de criatividade, a poesia para adultos, por meio de uma seleção, pode ser vista como agradável e apropriada ao pequeno leitor. Vejamos o poema:

### Dorme, ruazinha

Dorme, ruazinha... É tudo escuro...
E os meus passos, quem é que pode ouvi-los?
Dorme o teu sono sossegado e puro,
Com teus lampiões, com teus jardins tranqüilos...

Dorme... Não há ladrões, eu te asseguro...
Nem guardas para acaso persegui-los...
Na noite alta, como sobre um muro,
As estrelinhas cantam como grilos...

O vento está dormindo na calçada,
O vento enovelou-se como um cão...
Dorme, ruazinha... Não há nada...

Só os meus passos... Mas tão leves são
Que até parecem, pela madrugada,
Os da minha futura assombração...

(Mario Quintana. *Nova antologia poética*. Globo, p. 39)

O soneto apresenta uma profusão de reticências, como se o poeta estivesse falando em surdina. Nota-se a presença da infância e seu universo adjacente como motivos de criação poética: ruazinha, lampiões, jardins, estrelinhas e grilos, por exemplo. Foi empregada uma linguagem intencionalmente infantil, em que predominam a afetividade e a ternura, provenientes do emprego de diminutivos, de versos e de palavras curtas.

Elementos que quebram o sossego da ruazinha, como ladrões e perseguição de guardas, estão descartados. Até o vento dorme, enovelado como um cão. O desfecho é igualmente terno. A leveza dos passos combina com o silêncio da rua – passos etéreos como os de uma assombração. Imagem bem escolhida e facilmente compreensível à criança, que perceberá o contorno lírico e poético que o poeta quis dar à consciência da morte. Como se percebe, o poema de Quintana caminha no sentido de desfazer os clichês e as metáforas gastas, restaurando a palavra na sua essência.

## Quando a poesia vai à escola

Do mesmo modo que a narrativa, a poesia para a criança se viu e se vê ligada à escola. Destina-se, geralmente, à escola a tarefa de criar no aluno o gosto pela poesia. No entanto, ela pode ser, por vezes, responsável pelo *desgosto* pela poesia.

Nos Encontros sobre Literatura Infantil de que participo como docente desde 1989, o professor alega que não apresenta a poesia em suas aulas por não saber como proceder, além de afirmar que o referido gênero demanda tempo e paciência para ser trabalhado.

Numa organização marcada pelo utilitarismo, apregoa-se que cada criança deve aprender a não perder seu tempo, nem tomar o de seus professores. Infelizmente, a poesia e a arte em geral participam dessa área denominada "não lucrativa" em que se inserem as atividades prazerosas e lúdicas, e por isso, excluídas do programa de vida de uma sociedade voltada para o lucro.

Há professores que afirmam se sentirem mais tranquilos ocupando o tempo com a gramática, porque o assunto não lhes solicita a chamada "emoção", tão necessária ao trabalho com o texto poético.

Isso leva a pensar que a escola, agindo assim, pode sufocar a imaginação criadora dos alunos ou, se não a sufoca, enfraquece-a, em vez de estimular sua capacidade de criar. Independente de sua condição social, a criança existe em estado de poesia até que esbarra na sistematização da linguagem: a escola se põe a ensiná-la a medir as sílabas, a grifar os substantivos do poema, a circular os verbos, a encontrar os dígrafos, e por aí vai.

Para Lígia Morrone Averbuck, o preconceito que atinge a sociedade utilitarista estende-se à escola, motivando no professor uma atitude de desinteresse e até mesmo um certo mal-estar, ou culpa (como pude constatar), quando ele ocupa suas aulas com a poesia. Essa postura deixa ver o desconhecimento das possibilidades de exploração da literatura em geral, graças à descoberta da poesia e do próprio papel da arte no desenvolvimento da personalidade humana.

Muito se tem discutido sobre a escolarização da leitura literária. Na introdução do livro homônimo (EVANGELISTA *et al.*, 2001, p. 14), as organizadoras expõem que Magda Soares, uma das autoras da coletânea, abre essa obra considerando o processo de escolarização inevitável, por ser da essência da escola a instituição dos saberes escolares, mas defendendo a possibilidade de descoberta de uma escolarização adequada da literatura: "aquela que não desvirtuasse, que propiciasse ao leitor a vivência do literário, e não uma distorção ou uma caricatura dele [...]", explica Soares.

Creio que o professor precisa estar muito seguro em relação à sua prática pedagógica e saber quando endossar as atividades propostas pelo livro didático ou quando deverá propor outros caminhos. Vale relembrar que a poesia incluída nos livros didáticos não deverá nunca servir de instrumento utilitarista para se fixar conteúdo programático e muito menos para se resolver questões objetivas do tipo "grifar os substantivos concretos, a oração principal", por exemplo.

Cumpre notar que a criança tem capacidade para viver poeticamente o conhecimento e o mundo. Caberia, pois, à escola criar situações para incentivar a criatividade, a intuição e o ludismo do aluno, de modo a despertar-lhe a sensibilidade poética, como queria Drummond.

Ler um poema é buscar sentidos, o que equivale a dizer que cada leitura comporta a possibilidade de participação nos textos do outro, pelo duplo jogo de receber e refazer o texto.

As parlendas, os acalantos as adivinhas e as cantigas de roda acompanham a criança desde o nascimento e, assim, têm a função iniciadora no seu desenvolvimento emocional e poético.Além disso, a criança cresce brincando com apelidos, seja no recreio da escola, no meio de manifestações artísticas populares, diante da TV, seja no futebol – quando a torcida faz rimas com os nomes dos jogadores vencedores ou perdedores.

A poesia pode estabelecer uma ponte entre a criança e o mundo. Ela também constitui uma maneira de ensinar a dominar certos ritmos fundamentais do ser, como o respirar. Pela expressão da fala, a criança se apropria de suas possibilidades, adquirindo o domínio de sua palavra.

Durante muito tempo, acreditou-se que, para aproximar a criança da poesia, bastava apresentar-lhe textos de qualidade. Sabe-se hoje que é preciso somar outros elementos a essa aproximação, entre os quais o entusiasmo do professor ou mediador. Um mediador sensível ao texto poético tornar-se-á o grande iluminador do encontro texto-leitor. Ele é peça importante na formação do gosto pela poesia.

O desenvolvimento desse gosto não está acoplado à pura memorização ou ao estudo de regras de metrificação. O conhecimento da terminologia técnica, como rima, ritmo, cesuras, redondilhas, etc., será perfeitamente dispensável nas primeiras séries escolares, sendo mais importante o próprio exercício de dizer e ouvir poemas e de participar com o poeta na identificação do seu material poético.

Sabemos que os poemas infantis lançam mão das onomatopeias, aliterações, compassos curtos, repetições de vocábulos e rimas. Jogar e brincar com essas percepções constituiriam um trabalho mais interessante do que apenas deter-se em estatísticas (quantos verbos, quantos adjetivos há...).

Ao repetir versos, aliterações e sonoridades, a criança realiza suas primeiras aproximações efetivas com a poesia. Muitas vezes ela será capaz de repetir e apreciar um poema sem mesmo apreender toda a extensão de seu significado. A primeira fase de seu contato com a poesia é, pois, a do domínio das sonoridades.

Tudo isso vem justificar a permanência que a tradição oral deixa na poesia popular, fertilizando a capacidade de aproximação do povo com o fenômeno literário.

Nos primeiros anos, segundo inúmeros estudos de que se tem notícia, a criança é extremamente sensível aos jogos verbais, aos ritmos diferenciados, às cadências e às particularidades sonoras das palavras. Ela percebe esses aspectos específicos da estrutura do texto poético, que são aparentemente formais, mas deixam ver o que se lê.

O jogo com o poema permite a desconstrução e a reconstrução, exercício de liberdade poética. A criança pode exercer sua imaginação, decompondo textos, armando novos poemas, "recortando" fragmentos de outros textos, descobrindo paralelismos. Enfim, ela poderá brincar de reinventar poemas.

Daí se dizer como é importante que o professor crie, na sala de aula, um clima capaz de assegurar ao trabalho de exploração do texto poético todas as possibilidades criativas, como os desenhos, os jogos visuais e as atividades rítmicas.

Não basta selecionar bons textos e "despejá-los" sobre as crianças e deixar tudo por conta da magia das palavras. O professor e/ou mediador torna-se o dinamizador imprescindível para a criação da atmosfera de uma legítima oficina poética. E essa oficina, evidentemente, só se pode realizar em um ambiente de liberdade e criatividade, para que a criança possa se expressar sem bloqueios.

Neste trabalho, frequentemente se fala no desempenho do professor como figura de relevância no estudo do texto poético. Mas, e se o professor não for um bom leitor de poesia? Ainda quando a criança se aproxima do texto poético por conta própria, realizando suas próprias descobertas, independentemente da escola (ou da família), um simples olhar de aquiescência do adulto será bem-vindo. Afinal, não ser um leitor apaixonado de poesia não representa nenhum desdouro. Muitos livros teóricos chegam a fornecer sugestões no sentido de auxiliar o professor nesse tipo de trabalho. Observei que essas sugestões, de modo geral, enfatizam a criação de sensibilização, aproximação e leitura do texto. Essa leitura seria feita como qualquer outra, mas apontando uma diferença essencial: a poesia é um discurso que mostra o trabalho da linguagem sobre si mesma.

Tal diferença não repousa apenas no estudo da existência de rimas, de ritmo ou de uma certa cadência. A natureza poética de um texto vai depender de sua organização global, de seu universo e de sua relação com o leitor.

E as crianças menores? Como lidar com elas em relação ao desenvolvimento do gosto pelo texto poético? Aconselha-se, para tanto, propor exercícios que privilegiem a sensibilização, a vivência do texto.

Alguns professores consideram a poesia um gênero mais difícil e pouco cultivado entre os leitores brasileiros. O fato pode ser percebido no mercado editorial. Percorrendo as páginas de um catálogo de editora, o número de títulos de poesias é mínimo, comparado àqueles de narrativa em prosa. Os editores alegam que publicam pouco porque "poesia não vende".

Há de se notar ainda outra dificuldade sensível, que é a incerteza quanto ao próprio estatuto de uma "poesia para a criança", ou seja, uma poesia que reflete a necessidade de se graduarem as descobertas linguísticas, psicológicas e sensoriais na medida do próprio ritmo do desenvolvimento e dos interesses do aluno. Selecionar livros que trazem essa poesia pode constituir-se também um entrave à sua adoção na escola.

Outro aspecto questionável é a seleção dos temas enfocados no texto poético, uma vez que a sensibilidade para a arte independe deles: os poemas podem versar sobre os mais variados assuntos, importando mais o tratamento que lhes é dado. A criança pode apreciar aqueles poemas que revelam mundos talhados pelas insatisfações, desde que sejam esteticamente nivelados às suas possibilidades de entendimento. Ela gosta de jogo, mas gosta também das emoções verdadeiras.

Ao pretender que o professor seja um conhecedor da maturidade do seu aluno, espera-se que ele consiga alternativas para responder a tantas indagações. Por esse motivo, a sua participação como iluminador do encontro entre o texto poético e o leitor/ aluno tem sido tão colocada em evidência, sobretudo no que se refe às atividades com o referido texto na Educação Infantil e nas séries iniciais.

## Poesia infantil: ontem e hoje

Quando se fala em poesia para crianças, é impossível não se pensar no mundo da infância. Um mundo situado numa sociedade que se diz igualitária, mas que coloca crianças e adultos em esferas diferenciadas. A criança, de modo geral, acha-se sempre em posição de inferioridade social, mesmo sendo amada e tendo seus direitos garantidos por pais sensatos.

A produção cultural a ela dirigida é de responsabilidade do adulto que, correta ou incorretamente, deixa passar uma visão de mundo que acredita ser a da criança, mas que, muitas vezes, consiste apenas numa projeção da sua própria visão. Talvez seja por isso que até bem pouco tempo os livros de poemas abordavam temas tão ligados à formação do caráter, à medida que insistiam no ufanismo, na exemplaridade e no amor às boas ações.

Refletindo sobre a poesia infantil anterior e a contemporânea, nota-se que há entre elas uma diferença básica de intencionalidade. A tradicional pretendia levar a criança a aprender algo para ser imitado depois. Já a contemporânea pretende levá-la a descobrir algo à sua volta e a permitir-lhe experimentar novas vivências que, ludicamente, se incorporarão em seu desenvolvimento mental/existencial.

A poesia moralizante carrega um servilismo que não combina com a poesia-arte, que só existe em liberdade, porque tem compromisso com a revelação. Enquanto a primeira parte em busca do pedagógico, a segunda parte em busca da beleza. Bartolomeu Campos Queirós esclarece que se o texto é usado para saber aonde o autor quis chegar, é melhor pegar o telefone e perguntar direto ao escritor. Se ele souber, ele responderá e não haverá desperdício de tempo (QUEIRÓS, 1997, p. 43).

Ao ser impositiva, a poesia que quer doutrinar trata seu interlocutor como alguém destituído do saber, esquecendo-se de que há o saber informal, que muito leitor sente, mais do que conhece. É por isso que se pode dizer que, sendo antiga ou contemporânea, a poesia que se reveste de carga doutrinária minimiza o efeito poético, rebaixa seu valor e se torna insossa.

Neste poema, publicado pela primeira vez em 1943, a visão didatizante do adulto predomina, até perder esse contorno no último verso. Assim, Henriqueta Lisboa inaugura um novo tempo na poesia para crianças.

### Consciência

Hoje completei sete anos.
Mamãe disse que eu já tenho consciência.
Disse que se eu pregar mentira,
não for domingo à missa por preguiça,
Ou bater no irmãozinho pequenino,
Eu faço pecado

Fazer pecado é feio
Não quero fazer pecado, juro.
Mas se eu quiser, eu faço.

(Henriqueta Lisboa. *O menino poeta*. Mercado Aberto, s.p.)

Paulinho Pedra Azul rompe com antigos padrões ao deixar ver a importância da brincadeira na vida da criança. É possível reconhecer que uma criança saudável gosta de traquinagens e vai se lembrar delas, quando o seu passo se encaminhar para pegar o trem da vida adulta...

### Meu niño

Quem nunca brincou na lama
Mijou na cama
Pisou em espinho
Matou passarinho

Subiu em telhado
Roubou melado
Andou pelo mato
Pegou carrapato
Levou uma surra
E carreira de boi,
Menino não foi.

(Paulinho Pedra Azul. *Uma fada nos meus olhos*. Lê, p. 14)

## Poesia para adultos: na peneira das crianças

Com a eclosão do Modernismo, a partir da década de 20, começam a aparecer, na produção poética para adultos, textos que, recusados por estes, passam a ser aceitos pela garotada, aberta à novidade do novo código. E nesse novo código, poeta e criança vivem a experiência poética do mundo e desvelam a vida dentro de uma mesma dimensão lúdica.

Assim como o brinquedo é o instrumento capaz de levar a criança ao exercício da imaginação, o ludismo que se incorpora ao texto poético arca com a função de romper com os valores instituídos. Surge aí uma poesia que, longe de manipular conceitos, explora a palavra como a matéria-prima do poema – palavra carregada de sonoridade e impulsionada pelo ritmo.

Por meio desse viés, entram para as antologias para crianças poetas como Manuel Bandeira e Cassiano Ricardo, entre outros. Seus poemas passam por uma seleção que privilegia a intenção lúdica, antes de incorporá-los às ditas coletâneas. Dentro dessa perspectiva, a sonoridade torna-se a grande responsável pela iniciação poética e deverá agradar o ouvido da criança, independentemente do que venha a significar.

Além dos poetas mencionados acima, muitos outros registram em suas obras os seus tempos de infância. São brincadeiras, paisagens, cantigas que se misturam poeticamente por meio da mágica da escrita. Eles relembram as cantigas de berço em seus poemas.

Também conhecidas como acalantos, canções de ninar (Brasil), cantigas de macuru (para os índios), *canción de cuña* ou *ninera* (Espanha) *lullaby* (Inglaterra e Estados Unidos) e *berceuse* (França e Bélgica) essas canções foram e são entoadas pelas mães e babás para adormecer bebês ou consolar crianças choronas ou adoentadas.

Manuel Bandeira inspirou-se em cantigas de ninar, recortando alguns de seus trechos na construção de poemas, como "Acalanto para John Talbot": "Dorme, meu filhinho,/Dorme sossegado/Dorme que a teu lado/ cantarei baixinho [...]", fazendo o mesmo em "O menino doente" (Cf: *Para querer bem:* antologia poética de Manuel Bandeira, organizada por Bartolomeu Campos de Queirós, Moderna, p. 57 e 29, respectivamente).

Os compositores Chico Buarque e Francis Hime também se valeram do mesmo recurso na canção "A noiva da cidade": "Ah! Quanto descuido o dessa moça/ que papai tá lá na roça/ e mamãe foi passear./ E todo marmanjo da cidade/ quer entrar nos versos/ da cantiga de ninar/ pra ser Tutumarambá./ Boi, boi, boi/ Boi da cara preta/ Pega essa menina/ que tem medo de careta."(Cf: CD *Meus caros amigos*. Chico Buarque, Polygram, faixa 7).

Na apresentação da antologia de Bandeira, Bartolomeu comenta: "toda memória guarda uma infância. Muitas vezes o ofício do poeta é deixar esse reino reacontecer sem ignorar a poesia que houve lá. A criança que vive nele acorda e sua vida se vê invadida por um ontem que permanece" (QUEIRÓS, 2005, p. 9).

Em "Peixe-serra", nota-se claramente a lembrança do afeto dos pais e das babás que seguram a criança em pé, no colo, imitando o movimento do serrador, cantarolando:

> [...]
> Serra, serra, peixe-serra,
> quantos peixes já serrou?
> Uma dúzia? Dúzia e meia?
> Mas só sabe quem contou...
>
> (José de Castro. *Poemares*. Dimensão, p. 38)

Com o tempo e com o crescimento da criança, as sonoridades crescerão em importância. Por isso, admite-se que a iniciação ao texto poético deve começar desde cedo, para que esse gosto, uma vez instalado, seja levado para a adolescência e, posteriormente, para a idade adulta. Mas carregando junto a mágica da infância...

Além da sonoridade, é pertinente apontar outro critério que permite garimpar, em obras poéticas inicialmente destinadas ao adulto, textos que mobilizem a criança, fazendo-as descobrir uma linguagem inusitada, até então não percebida, ou seja, o critério da adequação temática e da composição.

Os leitores iniciantes podem se deixar seduzir pelo tipo do poema (trava-língua, quadra, dístico, poema concreto), pelo uso de expedientes poéticos (jogos de sons e palavras) ou pelo elemento representado (animais, folclore, pessoas queridas, objetos interessantes). Quando retirados de seu contexto original, isto é, do projeto gráfico destinado ao adulto, esses poemas acomodam-se à nova casa-livro com muita propriedade porque evoluem com o leitor em sua vivência e saber. Afinal, poema para criança é aquele que criança também lê.

Muito se tem discutido sobre a existência da poesia que se diz infantil. Mesmo que ela apareça acoplada ao adjetivo, não se trata de uma poesia pequena. Alguns autores de literatura infantil relutam em dizer que escreveram suas obras para crianças, preferindo afirmar que escreveram sem destinatário.

Concluídos ou não para a criança, os livros acabam chegando às mãos do pequeno leitor que, muitas vezes, nem tem a chance de dizer se foram tocados por ele. Bartolomeu Campos Queirós dá um depoimento contundente sobre a questão:

> Não escrevo para crianças. Minha limitação é maior que o mundo e não possuo a ousadia ou coragem –, ao chegar em casa, de puxar uma cadeira e dizer: "Vou escrever mais uma história para as criancinhas". [...] Escrevo pelo prazer de escrever e faço o melhor de mim nesse gesto. Se meu texto é eleito pela criança, sinto-me realizado pelo que há de honesto na infância. (QUEIRÓS, 1997, p. 42)

Dono de uma escrita poética invejável, Queirós se declara avesso ao texto com destinatário preestabelecido. Acredita que, quando o leitor se sente provocado pelo texto, mesmo havendo certo desconforto, ele dialoga com ele. Nesse diálogo, o leitor vai buscar outro prumo para construir um novo olhar. Queirós ainda completa que "cada um lê no texto a sua experiência, daí a vantagem da literatura: a de criar divergências de sentimentos, entendimentos e expressões. A palavra é para abrir portas e não para pintar uma única paisagem".

Quando se falou na adoção de critérios para a seleção de poemas escritos inicialmente para adultos para serem lidos pelas crianças, tratou-se de verificar além da sonoridade, o critério da adequação temática e compositiva. Creio que a opinião de Queirós repousa no acatamento desses critérios. Não seria necessário conhecer tais itens antecipadamente e ficar cercando a própria escrita para deles não se distanciar. Creio que basta fazer funcionar esses pontos, criando um trabalho que possa "somar-se ao do leitor, tentando conhecer a legenda que o outro aplicou ao mundo" (QUEIRÓS, 1997, p. 43).

Não se trata, pois, de dizer que um gênero é menor porque é infantil, porque caiu nas boas graças da criança. Na realidade, toda obra literária (em prosa ou em verso) para crianças pode ser lida e reconhecida como obra de arte pelo adulto. E acredito que muitos textos para adultos possam interessar às crianças, a exemplo de livros conhecidos, como *Robinson Crusoe* e *Viagens de Gulliver* e de tantos poemas que fizeram parte de antologias para adultos e que frequentam, para a alegria dos pequenos leitores, os livros infantis.

Apontar, pois, o destinatário de um texto requer, de certa maneira, observar a questão sob dois ângulos: o da especificidade da linguagem literária e o de seu adequado tratamento para a comunicação com o leitor.

Discutir sobre o adjetivo "infantil" aplicado à poesia abriu, e ainda abre, uma série de polêmicas. Muitos estudiosos dizem ainda não acreditar numa inspiração "para crianças" e noutra "para adultos", emaranhando ainda mais a ideia da poesia compartimentada em faixa etária. Maria Antonieta Cunha afirma tornar-se possível colher, entre nossos grandes poetas, os poemas que maior ressonância encontram no espírito infantil (CUNHA, 1976, p. 33).

Fanny Abramovich comunga da mesma opinião ao dizer:

> Existe também uma variedade de edições de poesias para adultos, onde se encontram muitos escritos bonitos e estimulantes que as crianças gostariam de ouvir. É procurar bem procurado em qualquer livro do Carlos Drummond de Andrade, do irreverente Oswald de Andrade, da inquietante Adélia Prado ou do inesperado Murilo Mendes... É buscar em antologias, ou mesmo em livros esparsos, aqueles poemas da Cecília Meireles e do Mario Quintana que ainda não tiveram edições para o público infantil. (ABRAMOVICH, 1989, p. 89)

As duas teorias apontam a necessidade de se escolher um bom texto para se oferecer à criança, aquele que vai privilegiar a sensibilidade e a fantasia, apresentando ritmo e linguagem compatíveis com a percepção e o gosto da criança. A ideia de colocar grandes poetas na prateleira de livros para crianças e jovens também floresceu no sul do País, resultando na publicação de *Poesia fora da estante*, volumes 1 e 2, organizados por Vera Teixeira de Aguiar (1996 e 2002).

## Poesia para crianças e poesia para adolescentes: vale a diferença?

O mesmo que se diz sobre a poesia para crianças pode-se aplicar à poesia para adolescentes. Longe de se ter um olhar pessimista em relação à poesia para adolescentes, convém lembrar que o gênero "poesia" suscita polêmica em qualquer modalidade, seja poesia para crianças, para jovens ou para adultos. Não adianta tapar o sol com a peneira: a poesia tem encontrado obstáculos, já citados anteriormente. Mas não intransponíveis.

Mesmo sendo este trabalho, em grande parte, dedicado à poesia para crianças, considero oportuno tecer alguns comentários sobre a poesia destinada aos jovens.

O adolescente costuma andar muito ocupado com as novas tecnologias e não são muitos os que se dispõem a desarmar o seu tumultuado coração para acolher os versos. Além do mais, corre o boato de que poesia é coisa para desocupados, lunáticos e que não vale a pena perder tempo com "pieguices". E como dizia Quintana:

> Poeta era aquele sujeito que não dá para nada, que não quer nada. É um agravante. Só mais tarde é que passa a ser uma atenuante. Ah, deixa... Ele é poeta... E hoje, pelo que estou vendo, é uma credencial. (QUINTANA *apud* TÁVORA, 1986, s.p.)

Pois é. Nossos adolescentes costumam ser resistentes à poesia, de modo geral, porque enfrentam uma fase conflitiva, em que os valores se digladiam. A flama das paixões é vista como algo supérfluo. Mas é necessário entender que é a paixão que impulsiona para a ação, move o progresso e combate a incultura e o alheamento. Trocando em miúdos: cabe ao professor mostrar isso para o adolescente. Mas só vale mostrar com entusiasmo, sinceridade e emoção. Um discurso da boca para fora põe tudo a perder.

Outro ponto a ser mencionado é o do rótulo. Há mesmo uma poesia para adolescentes? E se há, como seria? Esse assunto dá pano para manga. Eu diria que a boa poesia agrada a todo o mundo. Os limites entre a poesia para adultos e aquela direcionada aos jovens podem ser atenuados pela observação de determinados aspectos que levam em conta o tipo de leitor e o tipo de abordagem empregados na leitura.

Relembrar o passado costuma ser um tema bastante recorrente. No poema que se segue, o saudosismo pode ser de uma jovem ou de uma pessoa adulta.

## Canção

*Decerto perdi os olhos*
*que tinha quando criança.*

Decerto perdi os olhos
que tinha quando criança.
Aquela rosa de outrora
minha mão já não alcança.

Quem mostrará num espelho
minhas sardas, minhas tranças?
Deixei cair minha infância
no chão da desesperança.

De tão rubro e repetido
meu coração já me cansa,
a menina foi-se embora,
foi-se embora clara e mansa.

Não ouço passos de dança
naquele canto apagado,
nem meu noturno piano
canta a dor de tal mudança.

Restou um cacho de estrelas
E da lua uma aliança.
Decerto perdi os olhos
que tinha quando criança.

(Ione Rodrigues. *Namorados*. Lê, p. 29-30)

Apesar de algumas dificuldades apontadas anteriormente, pode-se dizer que a escola tem se esforçado para criar o gosto pela poesia. Afinal, o jovem a frequenta durante uma boa parte de seus verdes anos. Sabe-se também que o bom texto não garante a qualidade de leitura que dele o aluno fará. Para mim, as relações entre poesia e escola mostram-se mais sutis e complexas. Fazer o jovem gostar de poesia (se ele ainda não a admira), ou melhor, promover a interação texto poético/leitor adolescente requer carinho e competência.

Se o professor quiser, pode valer-se de textos breves ou textos de autores conhecidos do mercado fonográfico, como:

A menina da janela
nunca perde o costume
joga sonhos pela janela
como se fossem perfume.

(Paulinho Pedra Azul. *A menina da janela*. Lê, p. 12)

Já sabemos que se publica menos poesia do que prosa. Além disso, as editoras investem mais em livros de poesias com projeto gráfico direcionado à criança. É certo que o jovem pode ler qualquer poesia, mas a adolescência busca abordagens que tenham a ver com suas indagações e desejos. O ludismo presente na poesia para crianças cede lugar aos temas voltados para a descoberta do amor, os problemas existenciais, sociais e políticos, o que não impede que o jovem goste também da fantasia e do *nonsense*, como se lê em:

**Amores**

sapos choram
porque não podem
namorar a lua

estrelas piscam
porque não podem
flertar com o sol

ventos sussurram
porque não podem
beijar as flores

(Antonio Barreto. *Vagalovnis*. Dimensão, p. 37)

O amor, esse tema tão festejado, parece ocupar o primeiro lugar na preferência do leitor de poesia. E amor não tem idade. Pra falar a verdade, os temas ligados à paixão, rejeição, abandono, esperança e busca da felicidade são mais velhos que Adão. E com o passar do tempo só mudam a roupagem. Vestem-se de novos vocábulos, novos fraseados... e continuam a mexer com o nosso (quase sempre) sofrido coração...

> A menina pendura sua adolescência
> no varal.
> No bolso da calça molhada,
> o telefone molhado de amor.
>
> Secarão a roupa e o telendereço.
> mas o amor perdurará
> adolescido de céu.

> (Vanderlei Timóteo. *Poesia de gente grande*. RHJ, p. 15)

Quando lemos poemas feitos por adolescentes, precisamos ficar atentos para um tipo de texto que é o poema confessional. É claro que todos nós, em algum momento de nossas vidas, já experimentamos algo que poderíamos chamar de sentimento poético: ficar emocionado, revoltado, ter vontade de desabafar por escrito. Entretanto, é importante reconhecer que a manifestação escrita de um sentimento, geralmente feita às pressas, não constitui ainda a poesia propriamente dita, mas pode ser o seu ponto de partida.

Daí dizer que o equilíbrio está no meio termo. Nem abominar o texto poético do adolescente nem considerá-lo o suprassumo. Poesia precisa de tempo para marinar, tempo para se trabalhar com a palavra, não é só obra da inspiração.

Muitas atividades podem ser realizadas com turmas de adolescentes. O professor pode selecionar e/ou adaptar as que considerar mais apropriadas :

• Apresentar à turma poemas de que realmente gosta;

- treinar em classe a leitura do poema com a expressão que ele desperta: lirismo, humor, alegria, melancolia, indignação...
- ler vários poemas e pedir aos jovens que façam uma apreciação;
- pedir que os alunos comparem poemas que tenham assuntos semelhantes e comparem textos poéticos em prosa e em verso;
- musicalizar poemas e estudar em classe canções da música popular brasileira;
- procurar ver as significações escondidas no poema, os "não ditos", as ambiguidades;
- analisar a importância da disposição gráfica do poema;
- transformar textos em prosa poética em poemas;
- propor a leitura dos clássicos; Drummond, Bandeira, João Cabral, Cecília, Quintana, por exemplo, pedindo que a turma selecione alguns poemas de que gostaram muito;
- promover saraus poéticos;
- sugerir a reescrita de poemas;
- valorizar nos textos produzidos pelos alunos seus achados poéticos, ou seja, as imagens bonitas e originais que empregaram;
- sugerir que o jovem produza textos sobre o cotidiano (vida escolar, vida familiar e social, sentimentos e expectativas);
- selecionar poemas para a adolescência em livros publicados para crianças e para adultos, fazendo-o com a participação dos alunos e, em seguida, elaborar uma bela antologia com os textos selecionados.

Algumas editoras têm publicado obras com projeto gráfico destinado ao jovem. O livro, geralmente, tem o tamanho de 12X21cm aproximadamente, capa em policromia e miolo numa cor, poucas ilustrações ou apenas a ilustração da capa. Podem ser citados alguns títulos:

## Sugestões

ASSIS, Joana d' Arc Tôrres de. *Namorico: poemas*. Belo Horizonte: Miguilim, s.d. (Coletânea de poemas breves sobre amor, saudade e "vôos" adolescentes.)

BARRETO, Antonio. *Vagalovnis*. Belo Horizonte: Dimensão, 2003. (Palavras e seres de outra dimensão são reinventados pelo poeta para nomear a beleza do mundo que ele vê, sente, respira e ouve.)

CAPPARELLI, Sérgio. *33 ciberpoemas e uma fábula virtual*. Porto Alegre: L&PM, 1996. (Nesse livro, o autor coloca a computação a serviço do poema.)

CLAVER, Ronald. *Palavras do poeta*. Belo Horizonte: OAP/UFMG, 2002. (Coletânea de poemas falados durante os concertos de primavera e outono 2001/2002 da Organização dos Aposentados da UFMG, no Conservatório de Música da UFMG. Ver também, do mesmo autor: *O olho que mexe, pensa e diverte*. Belo Horizonte: Dimensão, 2002.)

CUNHA, Leo. *XXII!! 22 Brincadeiras de linhas e letras*. São Paulo: Paulinas, 2005. (Brincadeiras gráficas literárias para todos os tipos de leitores.)

DOLABELA, Marcelo. *Batuques de limeriques*. São Paulo: Paulinas, 2005. (Estrofes leves e engraçadas convidam o leitor a fazer viagens interessantes pelo nosso País.)

JOSÉ, Elias. *Cantigas de adolescer*. São Paulo: Atual, 1992. (O universo adolescente é retratado em 49 poemas que revelam a aguda sensibilidade das "Cantigas de Maria" e das "Cantigas de João". Ver também, do mesmo autor: *Mínimas descobertas*. São Paulo: Paulus, 2005.

JOSÉ, Elias. *Cantigas para entender o tempo*. Belo Horizonte: Dimensão, 2007. (São poemas que requerem um olhar mais amadurecido do leitor.)

MARINHO, Jorge Miguel. *3 asas no meu vôo mundo afora*. São Paulo: Moderna, 2007. (A juventude, retratada em pequenos e precisos fragmentos, é encarada como um tempo de transformações, permeado pela coragem, fragilidade, dor e euforia.)

MARQUES, Francisco. *Galeio: antologia poética para crianças e adultos*. São Paulo: Peirópolis, 2004. (Os poemas de "Chico dos Bonecos" são cheios de beleza para quem vive a vida brincando seriamente com ela, seja criança ou adulto.)

MENEGAZ, Flávia. *Poetando*. Belo Horizonte: Alis, 2003. (Poemas que retratam olhares diversos: nonsense, humor, denúncia social, amores e saudades.)

MURRAY, Roseana. *Paisagens*. Belo Horizonte: Lê, 1997. (Os textos deixam ver o adolescente com um ser sensível à vida e à poesia, ao descobrir-se, ao descobrir o outro e o mundo. Ver também, da mesma autora: *Receitas de olhar*. São Paulo: FTD, 1997, e *Jardins*. Rio de Janeiro: Manati, 2001.)

OLIVEIRA, Francirene Gripp. *Vinte lições*. Belo Horizonte: Dimensão, 1998. (O livro, que trata do universo da escola, é dedicado ao aluno que há em nós e às pessoas com quem a autora aprendeu um dia.)

QUINTANA, Mario. *Nariz de vidro*. São Paulo: Moderna, 2001. (Melancolia, lirismo, humor e nostalgia da infância estão presentes na coletânea.)

RODRIGUES, Yone. *Namorados*. Belo Horizonte: Lê, 1999. (Os poemas são ao mesmo tempo canção de ninar, embalos da paixão e cantigas para brincar, nesta brincadeira tão séria chamada Amor.)

SANTOS, Jorge Fernando dos. *Pó de palavras*. São Paulo: Paulinas, 2005. (Haicais musicados sobre temas diversos/CD na 3ª capa.)

TAVARES, Ulisses. *Viva a poesia viva*. São Paulo: Saraiva, 2003. (O livro traduz a barra e a farra do coração do adolescente, falando sério sobre assuntos leves e falando leve sobre assuntos sérios. Ver também, do mesmo autor: *Caindo na real*. São Paulo: Moderna, 2000.)

TELLES, Carlos Queiroz. *Sonhos, grilos e paixões*. São Paulo: Moderna, 1990. (Poemas sobre a vida dos adolescentes, o primeiro beijo, primeiro namoro, relações com os pais e descoberta da vida. Ver também, do mesmo autor: *Sementes de sol*. São Paulo: Moderna, 1995.)

TIMÓTEO, Vanderlei. *Poesia de gente grande*. Belo Horizonte: RHJ, 1999. (Poesia de homem-menino para todas as idades.)

# A linguagem do texto poético: é com essa que eu vou

As características mais marcantes de um texto poético
A sonoridade, a plurissignificação e a ocorrência de neologismos
Reflexões sobre o controvertido "dom de escrever"
O metapoema: texto que assume a tarefa de se autodizer

*O poema é uma coisa densa, carregada do*
*máximo de sentido, só se pode carregar*
*o máximo de sentido trabalhando muito,*
*acumulando. Um poema é uma pilha*
*altamente carregada.*

João Cabral de Melo Neto

As palavras usadas no poema são reveladoras do nível de linguagem que o poeta escolheu – culto, coloquial, regional, etc. Essa escolha contribui para a percepção dos significados do texto. Porque um poema se faz com palavras, e não com ideias soltas no ar. É preciso colocá-las no papel com a cola mágica do ato de escrever.

Muita gente diz que tem ideias muito boas, mas não as consegue pôr no papel. Isso tem remédio. É preciso escrever, reescrever, cortar palavras, costurar, emendar pedaços, acrescentar outros. Enfim, esse "trabalho de policiamento em que você corta o que não presta", como disse Mário de Andrade (*apud* CLAVER, 1992, p. 132), vai ajudar na construção de um bom texto.

A linguagem da poesia tem características muito próprias, e três delas podem ser consideradas básicas: a sonoridade das palavras, a multissignificação e a ocorrência de neologismos, isto é, palavras ou expressões novas.

## A sonoridade das palavras

A sonoridade das palavras tem tanta importância como seu significado. Um bom arranjo das palavras pode levar o leitor a perceber a música, a sonoridade e a brincadeira. Ele vai lendo e imaginando as palavras que vão dançando e inventando jogos em seu pensamento:

### Quem me acha?

Quem me acha
quem me acha
quem me acha
quem me acha?
Meu patinho de borracha.

(Almir Correia. *Poemas sapecas, rimas traquinas*. Formato, p. 21)

Um som isolado pode significar pouco para a nossa emoção. Mas sons repetidos podem causar uma intensa sensação, como se pode perceber em:

### Irmãos

Num canto
cada um calado
nem se falam.

No entanto
cada um falando
nem me falem.

(Leo Cunha. *O cavalo alado e outros poemas*.
Mary & Eliardo França Editora, p. 9)

Além da sonoridade percebida numa primeira leitura, o poema fala de uma cena do cotidiano, retratada com percepção e humor. Quem nunca reparou em irmãos emburrados, silenciosos, com o olhar parado? E quando resolvem falar ao mesmo tempo? Sons nasalados em "an" dividem a cadência com os sons "ca" e "fa", promovendo uma melodia em três tempos muito bem marcada.

Nos versos que se seguem, pode-se sentir a brincadeira ruidosa das palavras, principalmente se o lemos bem depressa:

> Na casa número 9, na Rua do Carrapicho,
> no largo do Bricabraque,
> moravam nove meninas,
> sendo belas todas elas.
> Com um naco de fricotes,
> um pouco de canfinfim,
> nadinha de piripaques e alguns surucubicos.

(Cecy Fernandes de Assis. *Que nem elas que nem*. Formato, p. 7)

> O SABIÁ LARANJEIRA
> AVISOU A VIZINHA
> AVE SOU E VOCÊ É AVEZINHA
> SABE A LARANJEIRA?
> SÓ TEM FRUTA AZEDINHA

(Cláudio Martins. *Trocadilhos*. Sup. Literário/BH, out. 1997, p. 6)

Os jogos de sonoridades são muito usados em poesias para crianças. Elas gostam da brincadeira, sobretudo quando são incentivadas a ler em voz alta, marcando a cadência com instrumentos de percussão ou batendo palmas:

**Tana catana**

> Tana, catana
> sovaco de paina
> na porta de casa
> comendo banana

Tola, catola
sovaco de mola
um sol no poente
grudado com cola.

(Sérgio Capparelli. *Tigres no quintal*. Kuarup, p. 89)

A leitura de um poema em voz alta constitui um ótimo recurso para a percepção das suas sonoridades. Por meio de uma leitura atenta, é possível observar que há sons que se parecem com ecos. Um bom poema se organiza num todo que se harmoniza pela cadência rítmica ou alternância entre sílabas fortes e fracas. Os efeitos sonoros e a cadência dão o equilíbrio rítmico ao texto poético.

## Outros recursos sonoros

Ao ler um poema em voz alta, além da rima, podemos verificar outros recursos sonoros. Os mais conhecidos são: a aliteração, a assonância, a onomatopeia e a repetição.

Aliteração é a repetição da mesma consoante ou de consoantes similares nos versos do poema, como se lê em:

### Três tias

Tuca
Teresa
Toninha
três tias
todo tempo tricotando
tanto tempo
tal tarefa
tricô tanto
[...]

(Elias José. *Caixa mágica de surpresa*. Paulus, s.p.)

Assonância é a repetição de sons vocálicos, como se observa em:

### O gagago

O gagago gogosta de verso
Gogosta dede versinho
Gogosta de diversão.

Seu gogó ri de mansinho
Ri demais, ri de mansão.

O gagago gogosta de verso
desde o gugu dadá
Quequem não gogosta de verso
dedeve estar meio gagá...

(Leo Cunha. *Poemas lambuzados*, Saraiva, p. 15)

A onomatopeia ocorre quando a pronúncia imita ou sugere a voz ou o som do ser representado:

### Trenzinho do riacho

[...]
Meu trenzinho, por favor,
pare logo p'reu entrar!
Tcha...tcha...tcha...tchaaaaaaaaaa...
Eu também vou viajar!
[...]

(Iêda Dias. *Reflexo.*)

A repetição consiste em dizer várias vezes palavras ou orações para intensificar ou enfatizar uma afirmação ou sugerir insistência:

### Guloso

[...]
Engoli garça
engoli tucano
engoli tamanduá

Engoli tatu
engoli saci
engoli o que há.

Engoli toda a fauna brasileira
Será que eu fiz besteira???

(Almir Correia. *Poemas sapecas, rimas traquinas*. Formato, p. 12)

Já se comprovou que, no caso das crianças menores, a música e a poesia estão entre as formas de arte mais apreciadas. A cadência e a sonoridade são as grandes responsáveis por essa preferência.

## A plurissignificação

Uma das principais características do fenômeno poético é exatamente a plurissignificação, os múltiplos significados. Por isso se diz que o poema nunca está lotado de sentidos para o leitor: sempre cabe mais uma interpretação. Um coração de mãe, como no dito popular. Há sempre espaço para a atribuição de mais um sentido, muitas vezes percebido por um aluno lá no fim da sala, absorto no seu voo, temendo cair no ridículo de manifestar a sua inusitada interpretação.

Sendo assim, vale o conselho com relação à apresentação do poema à turma: evitar qualquer forma de constrangimento. Num clima de amizade e liberdade, os alunos terão mais oportunidade de ler as entrelinhas do poema, caminhando para uma leitura além das linhas.

Vejamos como as palavras podem (e devem) ter novos e múltiplos significados:

### Jardim

O sangue da madrugada
tingiu de vermelho
o espelho
das águas.

O antúrio guerreiro
ergue no ar
sua espada.

A violeta
humilde e queda
sempre se esconde.
Onde? Onde?

Calêndulas, boninas,
crisântemos, petúnias,
gerânios, gloxínias,
prímulas, tulipas...

Que festa de flores!
Esbanjaram cores
pela madrugada...

O comentário do uso de expressões como "sangue da madrugada", "espelho da águas" e "antúrio guerreiro" auxilia a percepção da beleza das imagens. Um bom recurso é conversar com a turma sobre a importância de se atribuir qualidades incomuns às palavras para enriquecê-las ainda mais.

Fala-se muito em imagem poética. O termo "imagem" serve para designar toda expressão de linguagem figurada ou conotativa, guardando uma dupla relação com a realidade que representa e com a visão do poeta sobre essa realidade.

O dicionarista Celso Pedro Luft afirma que "imagem" é a representação de pessoa, coisa, etc., por meio de desenho, pintura, escultura e outros processos. Dentre a representação por meio de outros processos, estaria, então, a palavra. A palavra trabalhada, escolhida a dedo para traduzir a expressão do sentimento e ser capaz de produzir a interação entre o texto e o leitor. E de fazer o poema parecer nosso, daqueles que ao serem lidos provoquem exclamações: "Parece que fui eu que escrevi!"; "Tudo que o poema diz é o que eu gostaria de dizer"; "Transmissão de pensamento – só pode!"

Além dos múltiplos significados, as imagens também podem apresentar a característica da analogia. A analogia se liga à descoberta de semelhanças. A comparação estabelecida cria relações novas entre objetos, palavras e sons, como se pode notar em:

### Paixão eletrônica?

vidrei no vídeo
gamei no game
porém do livro
não me livrei

(Leo Cunha. *Poemas lambuzados*. Saraiva, p. 30)

Neste poema, as analogias entre as coisas se sucedem. O autor inventa jogos e brincadeiras, deixando clara a sua paixão pelo livro. Ele sabe que os jogos eletrônicos fascinam, fazendo parte do cotidiano das pessoas, mas termina o poema com um hino de amor à palavra impressa. Vale notar o tom da eterna reflexão (mesmo brincando) na escolha pela ausência de pontuação.

Um recurso muito interessante pertinente ao aspecto da plurissignificação do poema é o emprego do jogo de palavras. Consiste em apresentar analogias, geralmente de efeito sonoro, tornando a leitura uma brincadeira com as palavras – que vem a ser uma das grandes propostas da poesia. Leia para os seus alunos:

### Quase ditado

Gosto não se diz: curte

(Leo Cunha. *Debaixo de um tapete voador*. Ediouro, s.p.)

### Pombo

O pombo correio
não gosta de sê-lo.

(Leo Cunha. *Debaixo de um tapete voador*. Ediouro, s.p.)

## Camarão

Camarão
grande
se chama camarão...

Pequeno, assim,
pode ser chamado
de camarim?

(José de Castro. *Poemares*. Dimensão, p. 40)

No seu artigo "Poesia e humor para crianças", Leo Cunha afirma que no mundo das artes o humor quase sempre foi visto como um gênero menor, isto é, menos importante do que o drama e a tragédia (CUNHA, 2005, p. 78). No entanto, sabemos que a poesia acolhe o lúdico como acolhe o lirismo. Cunha, no artigo referido, resume que o humor pode manifestar-se de formas diversas, tais como: o humor no jogo de palavras, no jogo de ideias e na reinvenção do cotidiano, podendo, também, vir entrelaçadas:

## Ex-miss

Porquinha esbelta
Ex-miss bacon
Em fase de regime
Busca se relacionar
Com um senhor macaco
Honesto, grisalho
E que não fique pulando
De galho em galho.

(Almir Correia. *Anúncios amorosos dos bichos*. Biruta, s.p.)

Todos esses poemas possuem uma força especial de expressão, demonstrando a perícia do poeta em lidar com os mais variados recursos de linguagem, seja na linha do lirismo, seja na do humor. Outros recursos decorrentes do uso de figuras de palavras, como a metonímia e a metáfora, serão comentados mais adiante.

# A ocorrência de neologismos

O poema reúne os elementos que nos rodeiam se valendo de palavras que revelam emoções. Por vezes, as palavras já dicionarizadas "não dão conta do recado" e acabam "exigindo" que o poeta crie palavras novas ou reabilite uma palavra antiga com sentido novo. Ele sabe que é preciso aventurar-se para trazer uma nova possibilidade de enunciar o que se quer.

### Lenda do céu

[...]
O menino malvado
Taperá machucou.
E já morremorrendo
A coitada falou:
[...]

(Mário de Andrade. In: Vera Aguiar (Org.) *Poesia fora da estante*. v. 1. Projeto, p. 76)

Por ser uma linguagem plurissignificativa, a linguagem poética é um terreno fértil para a "plantação" de neologismos, que são vocábulos criados a partir das possibilidades da língua. Mesmo porque "poesia é brincar com palavras, como se brinca com bola, papagaio e pião", anunciou José Paulo Paes, no seu conhecido poema "Convite" (PAES, 1991, s.p.)

Por isso, as crianças costumam aceitar de muito bom grado esse tal "convite":

A palavra que eu mais gosto
é bundidex,
porque eu inventei agora
e gostei.

(Janaína Marques (4 anos). In: Francisco Marques,
*Galeio*. Peirópolis, p. 46)

Observe também:

## Passarinhos

Vi o passarinho verde
E a passarinha azul-anis
Vi os dois passarinhos
Casando na igreja matriz.

Vi o passarinho verde
E a passarinha azul-feliz
Vi os dois passarinhos
Lua-de-alpiste em Paris.

(Almir Correia. *Meu poema abana o rabo*. Biruta, s.p)

Nota-se o emprego de "passarinha" como feminino de "passarinho" e a bem-humorada adaptação de "lua-de-mel" para "lua-de-alpiste".

Um exemplo de rara beleza pode ser apreciado no uso do verbo *dorremifava* do seguinte fragmento:

Dias de sonhos rasantes, noites de sono arrasado.
Mas ele, ressabiado, teimava em assobiar.
Dorremifava macio, no galho ou na bacia,
o desejo de avoar.

(Leo Cunha. *O sabiá e a girafa*. Nova Fronteira, s.p.)

Observe agora os recursos usados pelo poeta Antonio Barreto:

## Chuvaréu

mas se essa chuva... chuvininha
vai caindo de mansinho, vai chu
vindo de fininho... vai chuindo

chuvindinha... vai chuindo
vai chuindo... vai chuvindo
como a chuva do chuveiro
(até virar um chuvaréu)
onde ficam os furinhos? de
onde pingam as gotinhas que gotejam gota a gota
do chuveiro lá do céu?

(Antonio Barreto. *Vagalovnis*. Dimensão, p. 33)

Percebe-se que o autor deu asas à criatividade, formando palavras por meio da fusão, supressão e substituição de sílabas – colocando-as a serviço das sensações visuais e auditivas.

Assim como novas palavras devem ser vistas como um recurso significativo no texto poético, a pontuação também requer um olhar atento do leitor. Deve-se lembrar que o poema tem um estatuto próprio, uma gramática própria – que, por vezes, não segue as regras da gramática normativa. O leitor pode-se deparar com substantivos próprios grafados com minúscula, palavras separadas de modo diferente dos ditames da gramática, ausência de vírgulas e pontos finais... Vejamos alguns exemplos:

### O pescador velho

Pescador vindo do largo
com o teu calçado de algas
diz-me o que trazes no barco
donde levantas a face

a tua face marcada
pelo sal de horas choradas
dá-me o teu peixe pescado
bem lá no fundo do mar

– nesta água não tem peixe –

pescador dá-me um só peixe
nem garopa nem xeréu

só um peixinho de prata

– nesta água não tem peixe
foi tudo procurar deus
pro lado de Zanzibar.

(Glória de Sant'Anna. In: Sophia Andresen.
*Primeiro Livro de poesia*. Caminho, p. 136)

A autora moçambicana deixa ver a desesperança do velho pescador que não encontra peixe – que "foi tudo procurar deus" em outras paragens, no caso Zanzibar, ilha situada no oceano Índico. "Deus", com minúscula, pode ter vários sentidos: perda da aura de divindade, descrença do pescador pela falta de peixe e do sustento, entre outros.

Já o poeta Drummond despoja o seu poema de pontuação, além de "coisificar" ou "misturar" a figura feminina – maria – na ciranda das lembranças onde tudo era uma vez. Vale notar também o último "maria" isolado no meio do último verso.

### Cantiguinha

era um brinquedo maria
era uma estória maria
era uma nuvem maria
era uma graça maria
era um bocado maria
era um mar de amor maria
era uma vez era um dia
maria

(Carlos Drummond de Andrade. *Antologia de
Carlos Drummond de Andrade*. FCCDA, p. 22)

Muitos outros exemplos aparecem nos livros de poemas à espera de um leitor que os perceba. E que perceba, principalmente, a intencionalidade do autor. Para um bom entendedor de poesia, um pingo (ou a sua ausência) é uma letra, é uma palavra, é uma frase... Por isso, ao digitar o poema para uso em classe, aconselha-se transcrevê-lo fielmente.

## "O dom de escrever": inspiração ou trabalheira?

Uma velha marchinha de carnaval que se perdeu nos cordões do tempo dizia assim: "Inspiração não é banana que plantando dá". O fazer poético requer mais que o empenho para se plantar banana. A inspiração ajuda, mas não é tudo. Daí o cuidado ao argumentar com os alunos quando alegarem não ter inspiração nenhuma. A bem da verdade, a inspiração está longe de ser a condição única para a construção de um bom texto poético. É sabido que ela ajuda muito e pode até constituir a força primeira para a criação do poema, mas sozinha não vai muito longe.

O fazer poético depende da imaginação e do trabalho artesanal com a palavra. Muitos poetas já deixaram bem claro o que pensam sobre o assunto, e vários livros citam as suas opiniões – que são retomadas inúmeras vezes, tais como:

> Escrever, criar, dá muito trabalho. A fama não prejudica, quando o artista não se satisfaz pelo que faz e quer sempre fazer uma coisa nova. (João Cabral de Melo Neto *apud* RoZÁRIO, 1989, p. 61)

> Lutar com as palavras
> é a luta mais vã
> Entanto lutamos
> mal rompe a manhã.
> (Carlos Drummond de Andrade *apud* CLAVER, 1992, p. 139)

> Se é verdade que sou poeta pela graça de Deus ou do demônio, também o sou pela graça da técnica e do trabalho. (Garcia Lorca *apud* CLAVER, 1992, p. 138)

Pelas opiniões acima, é possível depreender que a arquitetura do poema não dispensa, em momento algum, o trabalho com os versos. Técnica, trabalho e luta são ingredientes imprescindíveis no ofício de escrever. João Cabral é mais categórico ainda ao chamar a atenção para o perigo da acomodação na fama – o que acaba impedindo o poeta-artesão de renovar-se.

Torna-se oportuno notar ainda que a *inspiração em excesso* tem seus efeitos colaterais. Quem justifica a afirmativa é o poeta gaúcho Mario Quintana, dono de uma opinião bem engraçada sobre o assunto. Ele diz que se nós usamos um exagero de imagens provocado por uma avalanche de inspiração, o poema fica parecendo aqueles altares barrocos, tão cheios de anjinhos, em que a gente não enxerga o santo (QUINTANA *apud* VAN STEEN, 1981, p. 16).

"A virtude está no meio termo", já dizia o filósofo Aristóteles. O equilíbrio no poema é muito importante. Daí dizer que ele deve ser escrito, guardado, esquecido. Passado o tempo, ao ser relido é como se fosse de outra pessoa. Esse distanciamento faz com que sejam percebidos prováveis deslizes que a corujice do autor, no auge do "enamoramento" inicial, não permitiu ver.

Na sala de aula, o trabalho com a poesia geralmente ocupa um tempo restrito, porque há muitos assuntos a serem estudados. Mas é preciso aconselhar o aluno a não entregar a criação poética ao domínio da pressa, do sonho e da inconsciência. Faz-se necessário ressaltar sempre a importância do raciocínio e da atenção.

Uma última indagação: a poesia está ao alcance de todos? Pelo que se sabe, o poeta é visto como um ser nas alturas, um portador do dom divino. E os pobres mortais não escritores ficam boquiabertos. Nas escolas é possível constatar tal sacralização. Muitos alunos querem tocar no poeta para saber se ele é "de verdade" ou se ele "não é *morrido*"...

Instaura-se, então, o jogo da ideologia dominante, reforçando a aura do poeta inalcançável. E quando as crianças e os jovens descobrem que podem fazer belos versos, é uma grata surpresa. A escola, ao sentir que o texto literário está frequentando o caderno do seu aluno-autor, terá cumprido um grande papel. "Todos deveriam fazer versos" – já dizia Quintana –, "ainda que saiam maus". Ele justifica dizendo que é preferível para a alma humana fazer maus versos, a não fazer nenhum, pois o exercício da arte poética é sempre um esforço de autossuperação e assim o refinamento do estilo acaba trazendo a melhoria da alma" (QUINTANA *apud* PEIXOTO, 1994, p. 34).

O fazer poético pode estar ao alcance de todos, mas o professor deverá tomar cuidado para não incorrer em posturas extremistas: não supervalorizar imerecidamente o texto do aluno nem descartar e/ou desvalorizar as suas tentativas de criação poética. A poesia é um espaço de liberdade. Entre tantas formas de poesia, certamente haverá uma que vai fascinar o nosso aluno.

Adélia Prado, grande poeta mineira, afirmou numa entrevista para a tevê que todos podem fazer versos, mas Poetas mesmo existem poucos. Com toda certeza, ela quis retomar a questão do trabalho artesanal com a palavra, ou seja, há muitas pessoas que fazem poemas, mas poucas se dão ao trabalho de arregaçar as mangas para garimpar as palavras. E poucas têm paciência para esperar o *pássaro-poema*. Que chega silencioso como um gato.

Há que se notar também que a classificação de bom ou mau poema depende muito de quem o lê. Por isso é importante que a escola faça de tudo para preservar a sensibilidade estética do aluno – que pode ser conseguida pela sugestão de bons textos e de uma boa motivação em classe. E que a escola perceba que as relações entre professor e aluno sejam intercambiáveis. O autoritarismo poderá pôr tudo a perder.

Concordando com o pensamento conciliador de Quintana, deixemos que o aluno escreva, seja na sala, na biblioteca ou em casa. Só por meio do exercício e do esforço pode-se obter um refinamento do estilo. Grandes poetas começaram assim, e seguem depurando a sua poesia.

# Metalinguagem e metapoema

Um assunto puxa outro. Quando se fala em "lutar com as palavras", torna-se quase imperioso tecer algum comentário sobre o poema que toma para si a tarefa de falar sobre a sua construção, a sua feitura.

Por metalinguagem entende-se a linguagem utilizada para descrever outra linguagem. O próprio prefixo "meta", na acepção lógico-linguística, significa "sobre", "acerca de". Portanto, um metapoema é o poema que fala de sua própria construção, isto é, dá-se quando o sujeito da enunciação se volta para o próprio discurso, contemplando-o ou contemplando teoricamente as causas e os fatores de sua produção.

### Poesia sapeca

a poesia sapeca
sapecou
um verso
no caderno
de tarefas.

(Binho. *Na ponta da língua*. Miguilim, s.p)

Nesse poema o poeta cuidou de expressar o que significa a poesia para ele: a poesia sapeca, que irrompe e chamusca um verso, justamente no caderno de *tarefa* escolar, espaço de trabalho. Daí já se depreende o caráter anárquico e libertário da poesia.

Nos metapoemas nota-se um permanente diálogo com o fazer poético que vai desde o modo de conceber o poema, inclusive (ou sobretudo) à dificuldade de se produzir um bom texto poético:

### Poesia

Brincar de poesia
é varrer a poeira da memória
pra baixo dum tapete
voador

(Leo Cunha. *Debaixo de um tapete voador*. Ediouro, s.p.)

## Poesia vã

Poesia é vaso de rosa
na janela dos fundos:
   tanto faz.
Mas com ela
   mais bela a janela.

(Ana Elisa Ribeiro. *Perversa*. Ciência do Acidente, p. 57)

Em *Poesia vã*, o eu lírico constata a inutilidade da poesia, com certa indiferença e tristeza, sem, no entanto, reconhecer que sua beleza não é de todo vã...

É oportuno refletir sobre os sentidos atribuídos a um metapoema, já que eles evocam aspectos da sua construção: a felicidade de achar uma expressão inusitada; a tristeza de escrever; a dificuldade ao enfrentar a página em branco; a descoberta do fazer poético como algo pitoresco; a aparente face inofensiva do poema e outros infindáveis sentidos.

Para quem quer saber mais sobre o assunto, sugere-se a leitura de *Textos sobre textos: um estudo da metalinguagem*, de Ivete Walty e Maria Zilda Cury (1999).

Apenas como atividade pertinente à apreciação do poema, convide o aluno a ler os textos que se seguem:

No céu das águas
eu vi a estrela do mar.
E no mar de estrelas
um navio de palavras
eu fiz navegar.

(José de Castro. *Poemares*. Dimensão, p. 1)

### Assim

Eu faço poemas assim
como quem tece
uma corda,

para esticá-la bamba
entre dois arranha-céus.

Eu faço poemas assim
como quem côa
o seu melhor cafezinho,
para servi-lo à vida
que pulsa intensamente
nos olhos de um leitor
que nem sei quem é.

(Joana d'Arc Tôrres de Assis. *De presente*. Dimensão, p. 7)

## Vira-lata na paisagem

Sob o holofote da Lua
com bordadura de estrelas
um vira-lata procura
uma jóia pequenina.
Entre os restos da noite
encontra um osso no lixo
do último bar da esquina.

Eu também vivo à procura
de um verso empassarado.
Pode ser de asa quebrada
ou molhado de neblina.
Com um pardal vira-lata
vou achar a poesia
– essa jóia pequenina...

(Neusa Sorrenti. *Paisagem de menino*. Franco Editora. p. 24)

(Ilustração: Walter Lara)

# Terminologia poética:
## ou com quantos versos se faz uma estrofe

Retomando alguns conceitos sobre verso, estrofe, metro e métrica.
Ritmo e rima.
Poeta, poetisa e eu poético
As figuras de linguagem

*Poesia, s. f*

*Raiz de água larga no rosto da noite*

*[...]*

*Espécie de réstia espantada que sai pelas frinchas de um homem*

*Designa também a armação de objetos lúdicos com emprego de palavras imagens cores sons etc.*

*geralmente feitos por crianças pessoas esquisitas loucos e bêbados.*

Manoel de Barros

Será que para a poesia vale a frase que o compositor Noel Rosa fez para o samba: "Ninguém aprende samba no colégio"? Pode-se aprender a fazer poesia na escola? E para tanto, vale apenas aprender a técnica de versificação? Como foi dito antes, esse recurso usado isoladamente, como se estudasse um capítulo da gramática, não garante o que se chama "criar o gosto pela poesia".

Acredito que melhor seria pensar em se criar na escola uma aproximação com a poesia, visando criar e/ou continuar criando o gosto pelo texto poético. Principalmente nas séries iniciais, a teorização não funciona, porque torna o trabalho árido, cansativo e pode esconder o melhor da festa – que é a descoberta (ou a redescoberta) da poesia.

O estudo sistematizado das regras de versificação não é capaz de favorecer esse estado de empatia do leitor em relação ao poema. O conhecimento da terminologia técnica pode (e deve) ser dispensável para os alunos mais novos, sendo mais importante o exercício de dizer, ouvir e vivenciar os poemas.

No entanto, nada impede que o professor que trabalha com a segunda faixa do Ensino Fundamental relembre algumas noções que lhe servirão de apoio e ampliação de recursos. Se ele quiser e sentir o interesse e o amadurecimento da sua turma, essas noções podem ser adaptadas e/ou digeridas de forma leve, sem forçar nem exigir memorização, isto é, podem transitar livremente, à medida que a curiosidade dos alunos se manifestar.

Nosso poeta Drummond, a quem viviam perguntando que pedra era aquela no meio do caminho, já dizia: "A poesia é um jogo em que os poetas manejam cartas desconhecidas deles próprios" (ANDRADE, 1987, p. 129). Se os poetas lidam com cartas desconhecidas, nós, leitores, podemos acionar a nossa intuição, imaginação, inteligência e sensibilidade. Um pouco de conhecimento da terminologia não vai bloquear a nossa emoção. Enquanto os poetas jogam, nós, receptores, fazemos o nosso joguinho também. Afinal, o leitor de poesia é um poeta... que ainda não criou coragem para escrever.

## Poesia e poema; verso e estrofe

Poesia é o nome genérico que se dá ao gênero lírico, designando também a produção poética de um poeta. Ex.: a poesia de Drummond; a poesia de Bandeira; a poesia de Cecília...

Poema é uma composição poética em verso.

É oportuno observar que à medida que lemos e conhecemos diferentes tipos de textos notamos que nem todo texto em versos, linha debaixo de linha, contém poesia. Por outro lado, há textos que não são construídos em versos e contêm poesia. E como! Paisagens, cenas, olhares, pinturas podem ser essencialmente poéticos, mesmo não sendo poemas. Sendo assim, é comum ouvir expressões, como: "Essa foto é uma poesia"; "Aquele entardecer rosa-violeta era pura poesia!"; "Vê-los conversar entre risadas – que poesia!"

O poema bem feito é um condutor da poesia. Por meio dele, nós a encontramos mais frequentemente.

Para João Domingues Maia, a poesia (conteúdo) não se manifesta apenas por meio do poema (forma). É possível encontrá-la em diversos tipos de texto que não são necessariamente poemas. Pode-se reconhecê-la na pintura, na música, num pôr de sol, numa flor nascida entre a aspereza das pedras. Isso porque: "Poesia é a qualidade de tudo o que toca o espírito provocando emoção e prazer estético". Ele ainda acrescenta: "enquanto a poesia é um elemento abstrato, o poema (a combinação de palavras, versos, sons e ritmos...) é um elemento concreto" (MAIA, 2001, v. 3, p. 2).

Retomando a questão sobre prosa e poesia, convém complementar que *prosa e verso* são uma coisa, e *prosa e poesia*, outra. Trocando em miúdos: ao dizer *prosa e verso* estamos nos referindo à *forma técnica* em que os textos podem vir escritos. O texto em prosa se constitui por linhas contínuas que ocupam toda a extensão da folha. O texto em verso apresenta-se em linhas impressas uma debaixo da outra, ocupando um espaço especial do papel, isto é, geralmente não tomando toda a folha. Com um passar de olhos sobre a página impressa, já sabemos se o texto é em prosa ou em verso.

Vejamos agora: o mesmo passar de olhos não é o bastante para distinguir a prosa da poesia. Neste caso, torna-se importante mergulhar no texto para compreendê-lo, interpretá-lo e atribuir-lhe sentidos, a fim de perceber a sua essência. Só depois é possível verificar se o texto é uma prosa ou é uma poesia. E olha que podemos nos surpreender.

Observemos a poesia desta prosa, lendo o fragmento que se segue:

> Havia chovido naquela noite, e o dia amanheceu lavado. A luz do sol parecia visitar o mundo pela primeira vez. O tempo era claro e nítido como o silêncio. Estávamos contentes como meninos em tarde de mudança e rua nova. E a alegria pontuava cada canto do espaço, com a claridade do mês de maio. (Bartolomeu C. de Queirós. *Olhar de bichos*, v. 2. Dimensão, p. 48)

Resumindo: *prosa e verso* são aspectos técnicos e externos do texto. *Prosa e poesia* são aspectos referentes ao conteúdo e à essência do texto. Daí se dizer que se um texto é escrito *tecnicamente* em linhas contínuas ocupando toda a folha, mas apresentando um *conteúdo* de beleza poética, vamos ter o que já adiantamos: a prosa poética:

> Noturno
>
> Um dia, João gritou pelas ruas que ia se plantar
>
> – Vou virá a flor que mais gosto.
>
> Não é que João Jardim amanheceu plantado no alto do morro do Cruzeiro? Olhinhos brilhando. Sorrisinho de flor envergonhada. Cada dente uma pétala.
>
> João tinha virado muda de Eternidade.
>
> (Vanderlei Timóteo. *A menina dos olhinhos rasgados*. Dimensão, p. 60)

Conhecer a amplitude do conceito de poesia possibilita ao professor estender o leque de motivações em sala de aula, à medida que poderá apresentar aos alunos – junto com poemas – fotografias, músicas, gravuras, esculturas, como forma de estímulo para a produção de textos poéticos.

De modo geral, as crianças não fazem distinção entre poema e poesia, sendo dispensável exigir isso delas. Até entre os adolescentes e os adultos é comum o uso dos dois termos como sinônimos.

# A narrativa em versos

Algumas vezes, a narrativa se apresenta em versos, isto é, os versos contam uma história com começo, meio e fim. O livro inteiro é uma história só – também conhecida como narrativa em versos. A literatura de cordel, geralmente, se apresenta sob essa forma. Vejamos o seguinte texto:

**Pardal na cozinha**

Um pardalzinho com fome
pousou no chão da cozinha.
Chega manso
tão mansinho...
Olha em volta, tudo calmo.
Pode catar farelinho.
A cozinha está quieta
e o brilho da manhã
clareia tudo, faz festa!
Uma samambaia chorona
ri com suas folhas, baixinho.
Que beleza de cozinha...
Vai pensando o pardalzinho.
De repente alguém chega.
Pardal tem medo
e se espanta.
Oh! Que susto ele leva!
Um gigante na cozinha!...
minha nossa, minha santa!
Na mesma hora o bichinho
levanta um vôo depressa.
E quando ele vai embora,
se juntar aos sabiás,
vai deixando uma saudade
naquele gigante bobo

(Ilustração: Denise Rochael)

que era só um menininho
que sempre sonhava ter
um amigo pardalzinho..

(Neusa Sorrenti. *Pardal na cozinha*. Lê)

Nota-se claramente o caráter narrativo dos versos que vão tecendo a história. O mercado editorial tem apostado nesta fórmula que vem agradando leitores em fase de alfabetização.

Trazido pelos colonizadores, a porta de entrada do cordel no Brasil foi Salvador. Depois, ele se espalhou para o nordeste. Nos folhetos impressos em tipografias, o cordel ganhou o "auxílio luxuoso" da xilogravura, que é uma ilustração feita a partir de uma matriz talhada em madeira.

[...]
No dia em que nasceu
Sua mãe o batizou:
Leandro Gomes de Barros.
Nome em verso! Ela pensou.
Mas como era um nome grande
Foi de Lê que ela o chamou.
[...]
Aquele menino Lê
Assim sendo apelidado
Cresceu Leandro poeta.
Hoje em dia é chamado:
Leandro Gomes de Barros,
E por todos respeitado!

(André Salles Coelho. *O menino Lê*. Dimensão, p. 7 e 27)

## Verso e estrofe

O verso designa cada linha de um poema, ao passo que a *estrofe* é o conjunto de versos de um poema, não importando quantos.

Costuma-se não observar a diferença, chamando de verso a estrofe de um poema, como na frase: "Que bom, fiz um versinho todo rimado para pôr no cartão de aniversário!"

As estrofes podem ser formadas de versos de medida igual ou diferente. Assim sendo, têm denominações especiais, conforme o número de versos: dístico, terceto, quadra, quintilha, sextilha, oitava, décima.

a) dístico: estrofe de dois versos:

### Poema do nada

Nada mais estranho
que peixinho tomando banho.

(Almir Correia. *Poemas sapecas, rimas traquinas*. Formato, p. 22)

b) terceto: estrofe de três versos:

### Mambembe

Todo circo volta à cidade,
menos aquele que partiu
pra dentro da nossa saudade.

(Leo Cunha. *Debaixo de um tapete voador*. Ediouro, s.p.)

c) quadra ou quarteto: estrofe de quatro versos, de uso popular:

### Pedacinho no jornal

Troco um muro amarelo
quase coberto de hera
por um pezinho de rosa
em tempo de primavera.

(Neusa Sorrenti. *Chorinho de riacho e outros poemas para cantar*. Formato, p. 10)

d) quintilha: estrofe de cinco versos

Olha esse peixe
feito de feixes de cor
Brilha
    e mergulha no mar
        até se tornar uma flor.

(Carla Caruso. *Bicho, bichinho, bichão!* Dimensão, p. 6)

e) sextilha: estrofe de seis versos:

### NATUREZA MORTA
A rosa murcha
no vaso da cristaleira —
essa sim, natureza morta.
Antes fosse uma couve,
viçosa e faceira
na horta.

(Flávia Savary. *Vinte cantos de sereia.* Dimensão, s.p.)

Estribilho ou refrão é um verso que se repete no fim das estrofes de certas poesias, como o rondó e a balada e está também presente em hinos e em canções de música popular.

O soneto é um tipo especial de composição poética bastante popular na língua portuguesa, principalmente entre os parnasianos, como Olavo Bilac e Raimundo Correia, e considerado um tanto ultrapassado pelos modernistas radicais, como aconteceu com o livro de estreia de Mario Quintana, *A rua dos cataventos*, publicado em 1940. Mas isso não vem ao caso agora, uma vez que provocaria uma discussão de páginas e páginas...

Importa dizer que o soneto se compõe de catorze versos, sendo duas estrofes de quatro versos (quartetos) e duas estrofes de três versos (tercetos). Apresenta no último verso uma espécie de fecho, como acontece em todos os bons poemas.

A despeito das críticas ao soneto, é possível apreciá-lo na contemporaneidade, como expressão de beleza:

### Temporada

Quando o céu fica nervoso,
dá tapas em zigue-zague
e berra cem mil trovões,
até que a raiva se apague.

Do fundo do coração,
(ou será que é do pulmão?)
ele sopra vendavais,
cospe palavras mortais.

Manda chuva e sabe tudo,
o céu desaba sem calma,
quer destruir todo o mundo.

Depois desiste da idéia,
diante da salva de palmas,
e salva sua platéia.

(Leo Cunha. *Debaixo de um tapete voador*. Ediouro, s.p.)

Além de todas essas formas de apresentação de estrofes, podemos citar ainda o haicai e o limerique.

O haicai é um poema de origem oriental que tende a despertar a emoção por meio da sugestão. Em japonês, o haicai não tem rimas. Tem apenas a medida silábica dos versos, embora cheios de rimas internas, ressonâncias e jogos de palavras. Bashô, Busson e Issa são considerados os grandes poetas do haicai. Walmir Ayala, no prefácio do livro *Três mestres do haikai*, começa citando a frase:

> A leitura do haicai requer uma certa concentração, seguida de meditação que o seu conceito insinua ou sugere para a compreensão da simplificação da vida.[...] (In: SVANASCINI, 1974, p. 11)

Um haicai perfeito possui 5, 7 e 5 sílabas poéticas, respectivamente distribuídas em três versos, como podemos ler em:

Somente três pétalas
fazem do trevo a beleza.
A lição do simples.

(Angela Leite de Souza. *Lição das horas*. Miguilim, s.p.)

O haicai se caracteriza pela simplicidade, naturalidade e profundidade. E também pelo humor e fina ironia. Nos exemplos abaixo não se priorizou a métrica do haicai perfeito:

### Ringue

I Ching
I Ching
que será de Ming?

(Maria da Graça Rios. *Hai-kai balão*. Miguilim, s.p.)

Quem anda com os pés
na cabeça é artista
de circo ou... piolho.

(Angela Leite de Souza. *Três gotas de poesia. (haicais)*. Moderna, s.p.)

Estas pimentas!
Ajustai-lhes asas:
São libélulas!

(Bashô. In: SVANASCINI, O. *Três mestres do haicai*. Cátedra, p. 30)

O limerique é uma palavra de origem inglesa (*limerick*) que significa "pequeno poema humorístico composto por cinco versos".

Quem é que não gosta de fruta?
Só mesmo alguém que é biruta!
Doce ou azedinha,
macia ou durinha,
a fruta, ela é batuta!

(Tatiana Belinky. *Limeriques das coisas boas*. Formato, p. 12)

Seja dístico, quadra, soneto, haicai ou limerique, os poemas devem fazer parte das sugestões de leitura para a criança e para o adolescente. Eles os escolherão em algum momento. A princípio folheando o livro, se interessando por um aqui, outro lá. Depois lendo mais demoradamente, fruindo com gosto, sob o olhar do mediador ou solitariamente. Não importa. Poesia é arte e, como tal, precisa do leitor como interlocutor. E uma vez conquistado, tem-se o leitor de poesia.

## Metro e métrica

O metro é a medida determinada das sílabas poéticas de um verso, podendo variar de uma sílaba até 12, por exemplo. Os metros mais usados são: redondilha menor (5 sílabas poéticas); redondilha maior (7 sílabas poéticas); heroico (10 sílabas poéticas) e alexandrino (12 sílabas poéticas, o preferido de Bilac, cujo nome completo, Olavo Brás Martins dos Guimarães Bilac, coincidentemente, possui o mesmo metro).

Métrica é a técnica de compor versos medindo o seu tamanho. Para se saber quantas sílabas poéticas tem o verso, basta contá-las até a sílaba tônica, considerando ainda a crase, a elisão e a ditongação, sobre as quais comentaremos:

a) crase: fusão de duas vogais iguais numa só. Ex: a alma [al-ma]

b) elisão: supressão da vogal átona final de uma palavra, quando a seguinte começa por vogal. Ex.: Ele estava só. [e - les - ta - va - só]

c) ditongação: fusão de uma vogal átona final com a seguinte, formando ditongo. Ex.: Este amor sobre o mar [es- tia - mor - so - briu - mar]

Ao contar as sílabas poéticas dos versos de uma estrofe, deve-se parar sempre na tônica. (Na contagem da sílaba segundo a gramática, contam-se todas as sílabas.)

Me-ni-no que mu-da mui-to
1  2  3  4  5  6  7

mu-da mui-to de re-pen-te,
1  2  3  4  5  6  7

pois sem-pre que a gen-te mu-da
1  2  3  4  5  6  7

o mun-do mu-da com a gen-te
1  2  3  4  5  6  7

(Elias José. *Quem lê com pressa tropeça*. Lê, p. 14)

Há versos de métrica perfeita, quer dizer, todos os versos têm o mesmo metro, como o poema de Elias José, que acabamos de ver. Mas há versos de métrica imperfeita em que há uma pequena variação no número de sílabas poéticas, como no poema abaixo:

### Bentinho da Zefa

A es-tre-la da ma-nhã
1  2  3  4  5  6  7

já rai-ô
1  2  3

Eu não tô mais so-zi-nho.
1  2  3  4  5  6

Vou me a-le-van-tá.
1  2  3  4  5

É pra já.
1  2  3

E la-vá os meus zo-i-nho.
1  2  3  4  5  6  7

[...]

(Neusa Sorrenti. *O gatinho que cantava*. Lê, p. 18)

Mesmo que a métrica não seja a mesma em todos os versos, a cadência deste poema é perceptível.

Há também os chamados versos livres. São versos que não apresentam um mesmo número de sílabas nem uma regular distribuição dos acentos tônicos, como:

> Tinha asas de penas azuladas e cantava triste
> Estava preso
> E não comia alpiste.
> A menina abriu a gaiola
> E deixou que ele fosse embora,
> Pois o que estava lá dentro
> Não era passarinho
> era um anjo que cantava e tocava cavaquinho.

(Nani. *Cachorro quente uivando pra lua*. Formato, p. 21)

### Salada

> Joaninha da couve-flor
> procura um novo amor
> de preferência um bichinho de escarola
> que beija, deita e rola.

(Almir Correia. *Anúncios amorosos dos bichos*. Biruta, s.p.)

Há ainda os chamados versos brancos ou soltos, que são versos sem rima:

### Coisas de família

> [...]
> No final das contas
> dá fácil para perceber
> que árvore, fruta, afago,
> brisa e pele são membros
> de uma mesma família,
> criada no seio da lua.

(Joana d'Arc Tôrres de Assis. *De presente*. Dimensão, p. 22)

A seguir apresentamos versos com número de sílabas poéticas diferentes, começando com uma e indo até 12.

| Número de sílabas de cada verso | Exemplos |
| --- | --- |
| 1<br>versos monossílabos (muito raros) | Serenata sintética<br><br>Lua<br>Torta<br>Lua<br>Morta<br>Tua<br>Porta<br>(Cassiano Ricardo. *Antologia poética*. Ed. do Autor, p. 203) |
| 2<br>versos dissílabos (pouco frequentes) | Os rios<br><br>Ó rio<br>dizei-me<br>que sonho<br>vos leva<br>[...]<br>(Henriqueta Lisboa. *O menino poeta*. Mercado Aberto, p. 29) |
| 3<br>versos trissílabos | Trem de ferro<br><br>Vou depressa<br>Vou correndo<br>Vou na toda<br>Que só levo<br>Pouca gente.<br>[...]<br>(Manuel Bandeira. *Antologia poética*. J. Olympio, p. 98) |
| 4<br>versos tetrassílabos | Pescando estrelas<br><br>No azul da noite<br>estrelas brilham.<br>[...]<br>(Iêda Dias. *Canção da menina descalça*. RHJ, s.p.) |

| Número de sílabas de cada verso | Exemplos |
|---|---|
| 5<br>versos pentassílabos<br>ou redondilha menor | Verdade e mentiras<br><br>Peixinho no peito<br>não é peixe, não.<br>É jóia de ouro.[...]<br>(Gláucia Lemos. *O cão azul e outros poemas*. Formato, p. 15) |
| 6<br>versos hexassílabos | A língua do nhem<br>Havia uma velhinha<br>que andava aborrecida<br>(Cecília Meireles. *Ou isto ou aquilo*. Nova Fronteira, p. 32) |
| 7<br>versos heptassílabos<br>ou redondilha maior | A flor e a fonte<br>Deixa-me, fonte! Dizia<br>A flor, tonta de terror.<br>E a fonte, sonora e fria<br>Cantava levando a flor.<br>(Vicente de Carvalho. In: *Ouvindo estrelas*; de J. M. Costa. Maza, p. 36) |
| 8<br>versos octossílabos | Identificação<br><br>Seria uma anta da Antártida<br>ou hamster de Amsterdã?<br>[...]<br>(José Paulo Paes. *Um passarinho me contou*. Ática, s.p.) |
| 9<br>versos eneassílabos | Canção da ruazinha desconhecida<br><br>Ruazinha que eu conheço apenas<br>Da esquina onde ela principia...<br>[...]<br>(Mario Quintana. *Poesias*. Global, p. 51) |
| 10<br>versos decassílabos | Menino do riacho<br><br>Ele chega correndo tão feliz<br>olhos brilhantes, voz de passarinho<br>[...]<br>(Neusa Sorrenti. *O gatinho que cantava*. Lê, p. 16) |

| Número de sílabas de cada verso | Exemplos |
|---|---|
| 11 versos hendecassílabos | Prazer em conhecê-lo<br>Quantas vezes nós sorrimos sem vontade.<br>E escondemos um rancor no coração.<br>[...]<br>(Noel Rosa. In: *Literatura comentada*. Abril, p. 77) |
| 12 versos dodecassílabos ou alexandrino | A pátria<br>Ama com fé e orgulho a terra em que nasceste,<br>Criança! Não verás país nenhum como este!<br>[...]<br>(Olavo Bilac. *In: Ouvindo estrelas*, de J. M. Costa. Maza, p. 98) |

## A leitura do poema

Ao escolher um poema para ler na sala de aula, devemos fazê-lo com critério. Antes disso, prepará-lo com gosto, sentindo suas pulsações, sua sonoridade e suas pausas. Muitas vezes nos deparamos com um verso que finaliza na linha seguinte. Tem-se o que se chama de "encadeamento", mais conhecido pelo nome francês de *enjambement*. Aconselhamos fazer uma pausa levíssima, conservando a voz suspensa e logo passando para a linha seguinte. Os sinais de pontuação orientam a leitura, como na prosa.

Ah, a girafa...
é desse tamanhão!

Parece uma árvore
na sua inversão: )

tem o tronco no ar
e os galhos no chão. )

(Libério Neves. *Animagens*. RHJ, s.p.)

A boa leitura de um poema em classe pode-se constituir como o primeiro passo para se criar o gosto pelo texto poético. Uma leitura feita às pressas, com ares de pouco caso põe tudo a perder. Algumas dicas:

- antes de pedir a leitura de um aluno, dê-lhe um tempo para preparação, para que ele perceba todas as suas nuances: onde vai dar pausa, onde pode dar mais volume à voz, como vai passar para o ouvinte as emoções que sentiu;

- mostre que a "correria" na leitura do final do poema compromete a sua compreensão, pois a grande surpresa costuma estar guardada no seu desfecho. Como nos noticiários e pronunciamentos veiculados na tevê, a diminuição da velocidade tem o propósito de anunciar o fim do texto;

- elogie quando o aluno fizer uma boa leitura. Ao invés de exigir a memorização do poema (tarefa difícil para muitos), peça que ele faça uma leitura clara e emocionada do texto;

- proponha a leitura em coro (jogral), com vozes alternadas, coro e solo, e incentive a turma a fazer apresentações em público.

## O ritmo e a rima

O ritmo é o elemento imprescindível num texto poético. O poema pode não ter rima, mas sempre terá um ritmo, um jogo sonoro – que vai distingui-lo de um texto não poético.

Costumamos dizer que o coração tem um ritmo, porque ele pulsa alternando batidas e pausas. O ritmo de um poema é conferido, principalmente, pela alternância regular de sílabas fortes (tônicas) e fracas (átonas). Assim, cada poema-coração realiza seu jogo rítmico.

Novamente Quintana nos auxilia a pensar mais no ritmo do poema:

Se eu não fosse poeta, gostaria talvez de ser cavalo. Antes de tudo, porque é um bicho muito bonito. Não que eu queira ser bonito, mas gosto da liberdade dele, aquele ritmo todo... Parece um poema! (QUINTANA apud TÁVORA, 1986, s. p.)

Não só as palavras atuam na realização do ritmo no poema. São importantes também a sonoridade, a pontuação, o lugar das palavras no espaço da folha e o corte do verso.

Há que se notar que o ritmo se distingue do metro. Ritmo supõe tensão e vibração intensa que dão vida às palavras. Já o metro indica apenas a extensão do verso. Um bom exercício é ler em voz alta o poema.

### Samba

No batuque
No batuque
No batuque
No batuque
No batuque
No batuque
No batuque
No batuque
No batuque
No batuque
No batuque
No batuque
No batuque
No batuque
No batuque
No batuque
No batuque
No batuque
No batuque
No batuque

Que uma onça te cutuque!

(Almir Correia. *Poemas sapecas, rimas traquinas*. Formato, p. 27)

Os 20 versos iguais se desenvolvem num ritmo de batucada, repetindo a batida do samba. Os sons onomatopaicos "tuque, tuque" colaboram para a formação de uma atmosfera rítmica que culmina no breque do verso final: "Que uma onça te cutuque!" O ponto de exclamação dá o tom exato para encerrar a festa, como a última pancada do surdo.

Rima é o nome que se dá à coincidência de sons que ocorre, de modo geral, no final dos versos. Já a rima interna é a que ocorre no meio do verso, sendo pouco comum em poemas para crianças. Em compensação, constitui um recurso muito usado por poetas como Chico Buarque, por exemplo, em suas letras reconhecidamente sempre bem arquitetadas.

### Meu guri

Quando, seu moço, nasceu meu rebento
não era o momento dele rebentar
Já foi nascendo com cara de fome
e eu não tinha nem nome pra lhe dar.
[...]

(Chico Buarque. CD *Chico Buarque: Perfil.* Globo / Polydor)

Além da rima no final dos versos (rebentar e dar), o poeta incursiona pelas rimas internas (rebento / momento; fome / nome), reafirmando a presença do ritmo no poema.

Conforme a colocação das rimas na estrofe, elas se chamam: cruzadas (1º com o 3º verso e 2º com o 4º); interpoladas (o 1º com o 4º verso e o 2º com o 3º) e emparelhadas (o 1º com o 2º verso e o 3º com o 4º), que podem ser verificadas, com o auxílio dos alunos, nos livros da biblioteca ou do cantinho de leitura da classe.

Segundo o seu valor, são as rimas classificadas em: pobres (formadas com palavras da mesma classe gramatical: coração e meninão); ricas (formadas com palavras de classe gramatical diferente: resiste e triste); raras (obtidas entre palavras de poucas rimas possíveis: bosque e enrosque) e preciosas (rimas artificiais como vê-la e estrela).Vale comentar com os alunos a ocorrência de rimas em letras de música popular brasileira, como, por exemplo, na conhecida "Vamos Fugir", de Gilberto Gil.

Apreciar ou comentar um poema não requer o estudo minucioso dos diversos tipos de rima. Pelo contrário: o professor, por conhecê-la, pode identificá-la nos poemas existentes e nos "achados" poéticos de seus alunos, ao produzirem seus textos.

Importante é lembrar que, embora seja elemento secundário e até mesmo dispensável, a rima se coloca a serviço dos poetas para conferir aos versos mais harmonia e encantamento. Por se constituir como um ótimo recurso musical, caiu no gosto do pequeno leitor e do adulto também.

## A disposição gráfica

Além de explorar o ritmo e a rima, o poeta poderá lançar mão de outro recurso muito interessante que é a disposição das palavras na folha, ou seja, o espaço e seu aproveitamento criativo para a produção de sentidos do poema.

A disposição gráfica chama imediatamente a atenção de quem lê e é por isso que a poesia contemporânea tem dado tanta atenção ao aspecto espacial (por vezes até exagerando), também o fazendo os profissionais da publicidade, ávidos por novos apelos visuais.

Observe que no poema "Onda", de Guilherme de Almeida já se nota o aproveitamento das palavras colocadas de modo a evocar, como queriam os concretistas, os movimentos da onda.

O concretismo foi um movimento poético pós-modernista dos anos 1950. Ele propunha o fim do verso discursivo e um radical aproveitamento do espaço da página, utilizando formas geométricas e movimento sobre o papel. No entanto, não se pode dizer que o poema concreto seja algo de absoluta originalidade.

# OndA

**M**orno — Trapo,
contorno — farrapo,
da onda — lenço
redonda... — suspenso
Pluma — pelas
de espuma, — estrelas...
lenda — Resto
de renda, — de um gesto
frase — louco
de gaze, — que é o pouco
riso — que há de
de guizo... — bondade
Ninho — no alto
de arminho — mar... Salto
onde — da água
se esconde — na mágoa
aéreo — doida
mistério... — de toda
— vida
— partida...

(Guilherme de Almeida. *Meus versos mais queridos*. Ediouro, s.p.)

A arte egípcia, por exemplo, é rica em exemplos de associação da figura ao vocábulo, e os manuscritos medievais demonstram o quanto a palavra e a forma se completam.

Sendo novidade ou não, uma coisa é certa: a utilização do espaço da folha sempre foi um desafio à imaginação dos poetas. E são muitos os que se enveredaram por caminhos em busca da boa realização desse recurso. Entre os grandes expoentes do movimento citam-se Haroldo de Campos, Augusto de Campos e Décio Pignatari.

Atualmente, o leitor encontra soluções visuais muito criativas em obras de diversos autores. Com o advento das novas tecnologias, a *palavra-imagem* tem dialogado com frequência com os textos poéticos. Mas isso não é privilégio dos novos tempos, como já foi dito.

O poema figurativo – de composição um tanto ingênua – intitulado "Cruz", do poeta romântico Fagundes Varela, escrito em 1878, revela certa fase de sua obra, marcada por uma forte religiosidade (VARELA *apud* NICOLA, 1995, p. 21):

### Cruz

Estrelas

singelas

luzeiros

fagueiros,

esplêndidos orbes que o mundo aclarais!

Desertos e mares – florestas vivazes!

Montanhas audazes que o céu topetais!

Abismos

profundos,

cavernas

externas

extensos

imensos

espaços

azuis!

Altares e tronos,

humildes e sábios, soberbos e grandes!

Dobrai-vos ao vulto sublime da cruz!

Só ela nos mostra da glória o caminho,

só ela nos fala das leis de Jesus!

Um século depois, o mesmo tema figurativo aparece no poema "Urgente!", de Sérgio Capparelli, porém resvalando para outros significados, destituindo-se também do arroubo religioso de que se revestiu o poema de Fagundes Varela.

# Urgente!

Uma

gota

de

orvalho

caiu, hoje, às 8h, do dedo anular

direito do Cristo Redentor, no

Rio de Janeiro

Seus restos

não foram

encontrados

A polícia

não acre-

dita em

acidente

Suspei-

to: o

vento

Os meteoro-

logistas, os poetas e

os passarinhos choram in-

consoláveis. Testemunha

presenciou a queda: "Horrível!

Ela se evaporou na metade do caminho!"

(Sérgio Capparelli. *Tigres no quintal*, Kuarup, p. 125)

O tempo foi passando. É sempre assim. Há os que mexem na forma e os que se conformam. Como seria este mundo vasto mundo sem os conservadores e sem os inventores?

# Poeta, poetisa, a poeta, eu poético

Poeta, do grego *poietés*, é "aquele que faz", aquele que tem faculdades poéticas e se consagra à poesia – explica o Novo Dicionário Aurélio. E o feminino de poeta? Se seguirmos o verbete, ele dirá que o feminino de poeta é poetisa, mas modernamente "poeta" se aplica tanto para homens como para mulheres que se dedicam a fazer versos.

O poema "Motivo" deflagrou e inaugurou essa mudança. Todos (ou todas) ouviram a voz de Cecília e seguiram o seu pensamento. Nele, o eu poético afirma não ser alegre nem ser triste: "Sou poeta" (MEIRELES, 1987, p. 81).

O eu poético, também chamado de eu lírico, é a presença do poeta no texto, enquanto sentimento que se deixa ver. Quando dizemos que, num determinado poema, o eu poético está triste, não significa que o autor estava triste quando o escreveu. O eu poético nem sempre coincide com o artesão da palavra no momento da produção do texto. Autor é a pessoa em carne e osso que assina a obra; eu poético é a voz que se revela no poema. Vejamos o texto abaixo:

> – Eu queria ser poeta!
>
> – Mas todo mundo diz isso...
>
> – Então tá... eu queria ser um poeta feliz!
>
> (Vanderlei Timóteo. *Poesia de gente grande*. RHJ, p. 10)

Aqui o eu poético confessa a sua vontade de ser poeta. Mas como lhe dizem que esse desejo é muito comum, quase universal, ele rebate que quer ser um "poeta feliz", porque o "feliz" faz toda a diferença, uma vez que muitos cultivam a ideia de que os poetas são uns sofredores.

Além da expressão "eu lírico", há também a expressão "voz poética". Observe a voz que fala no poema: será voz feminina ou masculina?

### Influência estrangeira

Tudo o que
eu fiz
foi porque
eu kiss

(Ana Elisa Ribeiro. *Perversa*. Ciência do Acidente, p. 19)

Não se pode afirmar com certeza se a voz é masculina ou feminina. Imagina-se que seja a de uma criança ou pré-adolescente, garoto ou garota, admitindo uma proeza amorosa. O uso do vocábulo *kiss* (beijo/beijar) remete ao título do poema, ou seja, nossa língua portuguesa, às vezes, não escapa da "influência estrangeira".

Há que se observar que o poeta Chico Buarque, em vários poemas-canção, usa a voz poética feminina, como em "Folhetim": "Se acaso me quiseres/ sou dessas mulheres / que só dizem sim [...]". Para as turmas da 2ª faixa do Ensino Fundamental poderia ser sugerido um trabalho de pesquisa relacionado ao uso da voz poética na obra do compositor.

## As figuras de linguagem pelos bosques da poesia

Santo Agostinho disse que poesia significa pensar por imagens, porque o olho é o mais espiritual dos sentidos. Foi pensando nisso que julguei procedente incluir um apanhado, ainda que sucinto (porque o assunto é vastíssimo), sobre a importância das figuras de linguagem no trabalho com a poesia.

Mesmo acreditando e tendo repetido que o conhecimento da terminologia ligada à versificação não garante o sucesso no trabalho com a poesia na sala de aula, creio ser procedente fazer uma retomada de alguns tópicos, devido às dúvidas colocadas pelos educadores (principalmente aqueles da 2ª faixa do Ensino Fundamental) no cotidiano de sua prática pedagógica. Cumpre lembrar que, caso necessário, o assunto pode ser aprofundado por meio da leitura de obras indicadas na bibliografia.

A linguagem poética, pelo seu caráter multissignificativo, procura se utilizar de inúmeros recursos, principalmente daqueles ligados à estilística. Para o professor, o conhecimento desses recursos pode ser valioso no momento de orientar e/ou conduzir os comentários em classe sobre os textos trabalhados. Os alunos, certamente, irão conhecê-los aos poucos, segundo os programas curriculares estabelecidos para cada série. Mais importante é sentir os versos e a beleza de sua construção.

De acordo com a *Novíssima Gramática de Língua Portuguesa*, de Paschoal Cegalla (1993), são três as figuras de linguagem, sobre as quais falaremos resumidamente:

a) figuras de palavras;

b) figuras de construção;

c) figuras de pensamento.

Comecemos pelas figuras de palavras: metáfora, metonímia, perífrase e sinestesia.

a) Metáfora: emprego de uma palavra por outra, baseando-se numa comparação entre elas, mas sem utilizar a expressão "como" e seus sinônimos. A metáfora já foi alvo de importantes estudos críticos, merecendo também um destaque na obra de Antonio Skarmeta, *O carteiro e o poeta* (Record) – transposto para o cinema com grande sucesso. A obra conta a vida do poeta Pablo Neruda, exilado num lugarejo da Itália, onde conhece o carteiro Mario, a quem fala sobre a beleza das metáforas. E o carteiro, poeta em potencial, vai desfiando metáforas surpreendentes.

Agora observe:

### Pica-pau

[...]
Pica-pau é um mestre
radiotelegrafista

Pica-pau sendo festa
na flauta faz seresta
[...]

(Libério Neves. *Voa, palavra*. Formato, p. 30)

No fragmento acima, nota-se que houve uma comparação elaborada mentalmente entre o pica-pau e o radiotelegrafista, tendo em vista a batida compassada na madeira.

Não se deve, pois, confundir metáfora com comparação. Esta aproxima dois ou mais termos, por meio da conjunção "como" ou seus sinônimos: "Belo como um pôr de sol!"

A metáfora é uma das mais frequentes figuras de estilo e merece uma atenção especial, podendo ser estudada e apreciada nas séries iniciais, chamando-a pelo nome ou não.

b) Metonímia: uso de uma palavra por outra com a qual se acha relacionada. Existem várias situações em que a metonímia ocorre, como: o autor pela obra. *À tardinha, lia Cecília* (o livro de Cecília Meireles); a parte pelo todo: "O pobrezinho não tinha teto" (teto= casa); o indivíduo pela espécie ou classe: "Aquele judas da turma" (judas = traidor).

c) Perífrase: uso de uma expressão que nomeia os seres por algum de seus atributos ou um fato que os tornou célebres: "O rei dos animais caiu na armadilha" (o leão).

d) Sinestesia: transferência de percepções resultando numa fusão de impressões sensoriais de grande poder sugestivo, como sensação auditiva, tátil, gustativa: *Sua voz de veludo esconde palavras de fel.*

Agora vejamos as figuras de construção:

a) Elipse: omissão de um termo ou oração que podemos facilmente subentender no contexto: *Caíram os novelos, /as cores,/ os retalhos,/ as lembranças.* Houve a omissão da palavra *caíram.* As frases nominais (sem verbos) podem ser consideradas casos de elipse. Empregadas no texto poético causam um belo efeito, dando a impressão de "fotografar" as cenas.

b) Pleonasmo: emprego de palavras redundantes com a finalidade de reforçar a expressão: *Me sorriu um sorriso amarelo, desbotado.*

c) Polissíndeto: repetição intencional, geralmente da conjunção "e", sugerindo movimentos contínuos: *Vão chegando as princesas/ e as criadas/ e as mulheres do povo.*

d) Inversão: alteração da ordem normal dos termos ou orações com a intenção de lhes dar destaque: *Fina renda /de fios de prata/ a aranha deixou.*

e) Anacoluto: quebra ou interrupção do fio da frase, ficando os termos sintaticamente desligados do resto do período. É muito comum na linguagem oral, como nos ditados: *"Pobre, quando come galinha, um dos dois está doente"* (ditado popular).

f) Silepse: consiste em efetuar a concordância não com os termos expressos, mas coma ideia a eles associada em nossa mente. Daí ser chamada também de concordância ideológica. Pode haver silepse de gênero, de número e de pessoa: *O meu primeiro namorado/ ficávamos olhando a lua.*

g) Onomatopeia: trata-se do aproveitamento de palavras cuja pronúncia imita o som ou a voz natural do seres – figura citada como efeito sonoro em páginas anteriores: *O blém blém marcava os compassos do dia.*

h) Repetição: consiste em repetir palavras ou orações para intensificar a afirmação ou sugerir insistência: *A menina corre corre do vento,/que venta venta.*

São figuras de pensamento:

a) Antítese: consiste na aproximação de palavras ou expressões de sentido oposto, constituindo um grande recurso de estilo: *Um porco-espinho/ de bela feiura / arranha a roseira.*

b) Eufemismo: figura que busca suavizar uma expressão usando outra mais leve ou menos desagradável: *Meu pai foi morar na Via Láctea/ cercado de azul* (= morreu).

c) Gradação: sequência de ideias dispostas em sentido ascendente ou descendente: *Galinha esperta /se ajeita /se encolhe/ se estica/ se arrisca / e cisca.*

e) Ironia: consiste em dizer o contrário do que pensamos, quase sempre com intenção de zombaria: *Me trouxe um radinho sem pilha/ bela maravilha!*

f) Personificação: figura pela qual atribuímos ações e sentimentos a seres irracionais ou inanimados: *Meu vasinho de violeta /está triste/ nem flor ele quer dar mais.*

g) Reticência: suspensão do pensamento, deixando-o encoberto: *Aquele velho brinquedo...*

h) Retificação: consiste em corrigir uma afirmação: *Não estou rindo de ti/ eu estou rindo para ti.*

Tropeçamos nas figuras de linguagem a todo instante quando lidamos com bons textos poéticos, em prosa ou em verso. O aluno não precisará, necessariamente, saber o seu nome para apreciá--los. Precisa apenas descobrir e / ou apreciar a sua beleza, quando caminhar com elas pelos bosques da poesia.

# Reescrevendo o poema:
## nada se cria, tudo se copia?

> A reescrita do poema
> A paráfrase e a paródia
> Poesia e Arte
> A tradução do poema

*Não tem tradução (ou Cinema falado)*

*[...]*
*Amor lá no morro é amor pra chuchu.*
*As rimas do samba não são: "Ai love iú"*
*E esse negócio de "Alô, alô, bói, alô jône"*
*Só pode ser conversa de telefone.*
Noel Rosa

Uma atividade interessante e prazerosa para ser proposta ao aluno é a reescrita do poema. Reescrever um poema é retomá-lo, é escrevê-lo de novo, apesar de alguns pensarem tratar-se de simples cópia. Em relação à cópia, no livro *O trabalho da citação*, de Antoine Compagnon, encontra-se uma opinião incisiva do escritor Aragon:

> Reescrever, sim. Mas copiar é um trabalho mal visto, observem que todo mundo copia, mas há aqueles que são espertos, que trocam os nomes, por exemplo, ou que dão um jeito de se apropriar de livros esgotados. (ARAGON *apud* COMPAGNON, 1996, p. 31)

Mas não é dessa cópia que falamos. Há modos de reescrita que são essencialmente inovadores pelo seu caráter intertextual e representam um excelente exercício de criação literária.

O presente capítulo vai tratar resumidamente da paráfrase e da paródia. Outras formas de intertextualidade na produção literária, como a epígrafe, a citação, a referência e a alusão, poderão ser aprofundadas por meio da leitura do livro *Intertextualidades: teoria e prática*, de Paulino, Graça *et al.*, (1995).

## Paráfrase

A paráfrase ocorre quando a recuperação de um texto por outro se faz de modo submisso, isto é, seu sentido é reproduzido com outras palavras. É o caso dos resumos dos poemas que reafirmam, com palavras diferentes, o mesmo sentido do texto original.

Affonso Romano de Sant'Anna comenta que não se encontra uma história muito detalhada do termo *para-phrasis*, que no grego significava continuidade ou repetição de uma sentença. Se a paráfrase tende para a imitação e para a cópia, compreende-se por que a história não se interessou muito por ela. Em geral, a história se sente atraída por aqueles que provocam ruptura e corte, trazendo alguma invenção, e não a repetição. (SANT'ANNA, 1985, p. 17).

Mas mesmo o processo da paráfrase não pode ser visto como uma simples repetição, porque sempre há pequenas transformações que vão se acumulando até se obter versões bem interessantes.

Parafrasear um poema não significa plagiá-lo. A paráfrase deixa clara a fonte em que se inspirou e a intenção de dialogar com o texto original sem querer tomar o seu lugar, como se pode ver a seguir:

### Meus oito anos

Oh! que saudades que eu tenho
Da aurora da minha vida,

Da minha infância querida
Que os anos não trazem mais!
Que amor, que sonhos, que flores,
Naquelas tardes fagueiras
À sombra das bananeiras,
Debaixo dos laranjais.

(Casimiro de Abreu. In: J. M. Costa.
*Ouvindo estrelas*. Maza, p. 15)

Ah, que saudade que eu tenho
do verde do bambuzal
O vento batia nas folhas
E assobiava nas tardes
deixando estrias de brisa
lá no fundo do quintal

(Neusa Sorrenti, *Era uma vez eu*.
Formato, p. 9)

O livro *Era uma vez eu* (SORRENTI, 1997) traz no início o poema completo de Casimiro de Abreu, mostrando a intenção da autora em dialogar com ele. Na reescrita houve uma modificação no número de versos (de oito para seis), mudança na interjeição inicial e outras transformações textuais fáceis de serem percebidas pelo leitor.

Resumir ou recontar uma história é também uma maneira de parafraseá-la.

## Paródia

A paródia é uma forma de apropriação que, ao invés de endossar o modelo retomado, rompe com ele de modo sutil ou claro. Ela é uma espécie de descompasso, de desvio da norma, de ruído que vai quebrar ou contrariar o tom do poema-base.

A paródia, termo institucionalizado a partir do século XVII, é portadora de intensidade satírica, tendo com o texto original uma certa relação de crítica e de negatividade. Aliás, pode-se dizer que a paródia tem uma bela queda pela crítica sociopolítica. Nessa retomada do texto anterior, o sentido da paródia é invertido, percebendo-se uma atitude irônica, que pode variar de intensidade.

Segundo o dicionário de literatura de Brewer, "paródia significa uma ode que perverte o sentido de outra ode (do grego: paraode)". Esta definição implica o conhecimento de que originalmente a ode era um poema para ser cantado (SANT'ANNA, 1985, p. 12).

Talvez tenha vindo daí a adoção de uma prática de reescrita muito comum nos dias de hoje, ou seja, a ideia de se colocar uma melodia da atualidade em versos produzidos para satirizar questões políticas e sociais. Aliás, esse recurso tornou-se muito usual em publicidade, em programas humorísticos da tevê e também na escola, configurando-se como uma apropriação muito remota do texto melódico, na maioria dos casos, uma vez que não costuma guardar nenhuma semelhança com ele, sendo, por isso, chamado de "pseudo-paródia".

Algumas vezes, a paródia, mesmo conservando sua característica de rompimento, pode prestar uma homenagem ao texto que está retomando ou ao seu autor, como o faz Capparelli em relação ao "Poema de Sete faces", de Carlos Drummond de Andrade.

No poema drummondiano, o eu poético conta que, quando nasceu, "um anjo torto, desses que vivem na sombra, disse: Vai Carlos! Ser gauche na vida" (ANDRADE, 1967, p. 53).

Entende-se por "anjo torto" um anjo de forma sinuosa, distorcida. Na reescrita de Capparelli, esse anjo transforma-se em pálido, isto é, de pele descorada. Houve, pois, uma espécie de deslocamento da forma (torto) para cor (pálido). Vale notar que em ambos o nome "Carlos" está presente.

### O anjo pálido

Quando nasci, um anjo pálido
claustrófobo e fotofóbico
disse: vai, Carlos,
ser gouache na vida.
Desde então
dou cor às sombras.

(Sérgio Capparelli. *33 ciberpoemas e uma fábula virtual*. L & PM, p. 41)

Neste poema, o anjo, além de pálido – e não torto – tem medo de recinto fechado e tem intolerância à luz. Esse anjo aconselha Carlos a ser "gouache" na vida – expressão francesa que significa guache, uma preparação para pintura que se faz com substâncias corantes destemperadas em água.

A grafia de "gouache" se aproxima muito de *gauche,* empregado por Drummond e que, além do sentido de esquerda, significa também constrangido, acanhado, torcido e torto. E aquele anjo torto e sombrio do poema drummondiano vai diluir-se ironicamente no poema de Capparelli e mudando o conselho: ser "gouache" na vida para poder colorir as sombras e esquecer de vez a palidez de quem não vê a luz. Esse "conselho" desafina alguns acordes executados no poema drummondiano, quebrando, de certo modo, a sua melancolia.

A atenção voltada para diálogos entre textos antigos e novos, assim como suas releituras, faz-se necessária quando o professor deseja restabelecer a comunicação e a ampliação do repertório do aluno. Observe:

| **Carneirinho, carneirão** | **Meu carneirinho, meu carneirão** |
|---|---|
| Carneirinho | Meu carneirinho |
| Carneirão | Meu carneirão |
| Neirão, neirão | Não olhou pro céu |
| Olhai pro céu | não olhou pro chão |
| Olhai pro chão | Preferiu observar em linha reta |
| Manda El-Rei | pulgas andando ao sol |
| Nosso, Senhor | de bicicleta. |
| Para todos se ajoelharem | (Almir Correia. *Poemas sapecas, rimas traquinas*. Formato, p. 17) |
| (Cantiga popular) | |

O primeiro texto é uma velha cantiga de roda cujos versos iniciais foram recortados e colados no segundo poema. Em seguida, o autor continuou a sua escrita, contrariando e quebrando o tom do texto original. Além do recorte, o texto se configura como paródia, uma vez que há na inversão, uma atitude irônica e de negatividade. Afinal, esse carneirinho não queria saber de submissão. Queria era apreciar a natureza nos seus mínimos detalhes.

## Tesoura, cola e papel

Recortar e colar sempre fizeram parte dos jogos e brincadeiras infantis. Quando lemos e escrevemos, estamos realizando a mesma brincadeira: recortando, juntando e recompondo. Sendo assim, está se constituindo como prática comum usar um fragmento de texto no corpo de outro texto, sem aspas.

Na poesia para crianças e jovens, o recurso tem sido bastante empregado, assim como na música popular brasileira. Às vezes a "tesoura" trabalha mais, outras, um pouco menos, mas o suficiente para percebermos a sua presença, como em:

### Isso não me cheira bem

Se baygon fosse perfume,
ninguém mais andava
com a pulga atrás da orelha..

(Leo Cunha. *Debaixo de um tapete voador.* Ediouro. s.p.)

O autor fez uma colagem de expressões populares: "isso não está me cheirando bem" e com a "pulga atrás da orelha". Recortou-as, juntou-as e (re)compôs um belo terceto.

Lendo o poema "Réplica", a seguir, percebe-se que ele se constrói como um grande mosaico, cujos elementos foram habilmente garimpados da obra de Drummond, ficando difícil segmentar as frases não drummondianas, tal a criatividade do autor, o poeta Sérgio Peixoto:

## Réplica

Se o poeta é um ressentido, e o mais são nuvens,
caro Drummond,
mister é haver
em meu poema
(minha canção)
dose inexata
de amaro amor
de perdida estrela
de coisas findas
que, mais que lindas,
sempre ficarão.
O claro enigma
não vale o mundo, meu bem?
Não vale nada?
E o sentimento do mundo?
E o povo e sua rosa?
E as considerações do poema?
É preciso deixar bem claro
poeta
que se o amor não cabe no poema
é porque o poema não presta.

(Como, sem ele, descobriríamos o terceiro tom
a que chamamos aurora?)

(Sérgio Peixoto. *Esfinge fácil*. Dimensão, p. 8)

O título "Réplica" sugere o trabalho de reprodução, de cópia. Inserindo-se na categoria de texto citacional, Peixoto comprova o seu trabalho de criação ao extrair, cortar e desenraizar pérolas drummondianas, colocando-as num novo colar – também precioso.

Por vezes, o trabalho de escolher, cortar e recortar é mínimo. Nota-se uma pequena menção a outro texto ou a um componente seu, constituindo um tipo de intertextualidade muito fraca:

### Tristura de flor

[...]
Será que é de saudade
do meu pobre canarinho
que outro dia
se mudou
lá pro céu do Pardalzinho?

(Neusa Sorrenti. *O chorinho do riacho e*
*outros poemas para cantar.* Formato, p. 30)

Percebe-se uma leve alusão à história do "Pardalzinho", que morreu e sua alma voou para o céu dos passarinhos, como nos contou Manuel Bandeira no poema homônimo, em seu livro *Berimbau e outros poemas* (1994, p. 39).

Quando essas formas de práticas intertextuais são comentadas em classe pelo professor, torna-se mais claro para o aluno perceber o teor do texto que ele mesmo produz. Ele estará sabendo que "recortou" uma expressão de Manuel Bandeira ou de Cecília Meireles que considerou bonita e empregou-a no seu poema, ele vai compreender o diálogo estabelecido entre um texto base e sua paráfrase... e assim por diante.

Descobrindo gradativamente, terá condições de apreciar melhor. Há que se observar que os conhecimentos adquiridos no Ensino Fundamental, em quaisquer disciplinas, constituem, como o próprio nome diz, a base, o "fundamento" para as séries subsequentes. Mais tarde será possível ver a ressonância desses conhecimentos.

## A tradução do poema:
## fidelidade ou criatividade?

Sabe-se que fazer uma tradução é transpor o texto de uma língua para outra. As dificuldades logo aparecem, porque há embargos referentes a questões linguísticas e culturais. Como fazer um bom trabalho e manter-se fiel ao texto original?

Hoje se reconhece que traduzir é um importante trabalho de criação. Por isso, quando o nome do tradutor aparece na página de rosto do livro, logo abaixo do título, significa tratar-se de um trabalho de credibilidade. Graça Paulino acrescenta:

> Antes do advento da intertextualidade como conceito operatório da crítica, o tradutor era considerado mero transcodificador de línguas, responsável por uma atividade menor. Tanto isso ocorria, que seu nome não era quesito obrigatório, como hoje, nas referências bibliográficas. (PAULINO, 1995, p. 43)

José Paulo Paes, famoso ensaísta e tradutor, deixa um recado para os leitores no livro *Rimas no país das maravilhas* – poemas de Lewis Carroll, selecionados e traduzidos por ele:

> Se algum de vocês conhece ou está estudando inglês, talvez se interesse em comparar as traduções dos poemas com o seu original inglês, que é reproduzido no fim deste volume. Mas ao fazer a comparação, não se esqueça de que tradução de poesia é um tipo muito especial de tradução. Em certas ocasiões, para manter a graça das rimas e dos jogos de palavras, o tradutor tem de adaptar o original em vez de traduzi-lo ao pé da letra. (CARROLL, 1996, p. 5)

No poema que se segue, é possível examinar se o tradutor adaptou o original ou optou por traduzi-lo literalmente. Como exercício, pode-se experimentar fazer a tradução literal do poema e, em seguida, compará-la com a forma proposta pelo tradutor. E comprovar por meio dos arranjos do tradutor – ensaísta e poeta – se houve ou não o predomínio da criatividade sobre a mera fidelidade ao original.

| | |
|---|---|
| There was a Young Lady whose eyes | Havia uma moça cujo olho |
| were unique as to colour and size; | tinha o tamanho de um repolho. |
| When she opened them wide, | Quando ela o arregalava, |
| people all turned aside, | todo mundo se espantava. |
| And started away in surprise. | E dizia: "Nossa, que trambolho!" |

(Edward Lear. *Sem cabeça nem pé*. Trad. José Paulo Paes, Ática, s.p.)

Como José Paulo Paes afirmou na citação do livro de Lewis Carroll, foi preciso ajustar o sentido do poema às rimas que nele aparecem, isto é, às terminações de sons iguais ou semelhantes, como "olho/repolho".

Atualmente compreende-se que a atividade de tradução ganhou outro olhar, principalmente por ter sido percebida como uma forma de intertextualidade, aproximando-se da paráfrase. Isso se deve aos estudos que relativizaram as fronteiras entre modelo e cópia, ou seja, do antigo estigma de tradutor/traidor surgiu a figura do tradutor/criador.

## Poesia e Arte: diálogo pertinente

A imagem ocupa um espaço considerável no cotidiano do homem contemporâneo. Livros, revistas, publicidade, internet, cinema e tevê, para citar os mais comuns, produzem imagens exaustivamente.

O artista, ao construir seu objeto, torna visíveis seus pensamentos, emoções e sentimentos, organizando-os num texto visual repleto de significados. Assim, ele é um criador de linguagem que busca compreender também os modos de produção de linguagem de outros artistas, dialogando com eles.

Há que se observar que, muitas vezes, a escola se constitui como o único lugar em que a criança e o jovem têm acesso às obras de arte, geralmente por meio de reproduções em livros de arte, em enciclopédias ou na internet.

Algumas editoras têm procurado oferecer textos que possibilitam à escola preencher as necessidades do aluno em termos de conhecimento da arte, por intermédio de biografias de grandes mestres. Outras vão além: apresentam a poesia ao lado da pintura e da escultura, como acontece com Iêda Dias no seu livro de poemas chamado *Canção da menina descalça* (1993).

No poema "A bailarina", a autora projeta a imagem de Mariana nas bailarinas de Degas (1834-1917), pintor que buscou o movimento, tendo desenvolvido o tema da dança em pinturas e esculturas. Por volta de 1870, ele já apresentava problemas de visão e, cada vez mais, passou a usar o pastel em suas composições.

Iêda Dias convidou as "Quatro bailarinas em cena" (óleo sobre tela; 72X92 cm) para um diálogo com o seu poema. Ela parece tê-lo escrito enquanto lia o quadro e cuidou de entrelaçar o texto verbal com o texto pictórico. Braços e saias coloridas esvoaçam em rodopios no tule dos versos.

### A bailarina

Mariana pequenina
vive a bailar:
meia volta
volta e meia
um pé no chão
outro no ar.

Mariana bailarina
gira e roda
sem cessar:
girando
rodopiando
virou pontinho no ar!

(Iêda Dias. *Canção da menina descalça*.)

(EDGAR DEGAS (Paris 1834-1917): 1- *Terceiro Tempo da "Grande Arabesque"* - Bronze, altura: 43,5 cm; 2- *Quarta Posição para a Frente, sobre a perna esquerda (terceiro estudo)* - Bronze, altura 41 cm; 3- *Quatro Bailarinas em Cena* – Óleo s/ tela, 72 x 92 cm – Col. MASP, Museu de Arte de São Paulo Assis Chateaubriand; fotógrafo: Luiz Hossaka)

Enfatizando os movimentos da dança, veem-se duas esculturas em bronze, também de Degas: "Quarta posição para frente, sobre a perna esquerda", 41 cm de altura e "Terceiro tempo da "Grande arabesque", de 43,5 cm de altura. Teria o sonho da pequena bailarina Mariana girado tanto, que acabou se transformando num pontinho no ar?

No poema que se segue, leituras de texto e de imagem se oferecem ao leitor:

### Birutéia

Birutéia é uma bruxinha,
não sei se lhe disse antes.
É vizinha da Meméia,
fanzoca do Dom Quixote,
aquele herói
de Cervantes.

Birutéia conta histórias
de aventuras emocionantes.
Com a ajuda da Gralha Pança
amarrou um hipopótamo
com durex
e... barbantes.

Com a prima Dulcinéia
faz bagunças impressionantes.
Entre gritos e cochichos,
deram ontem à formiga
um casal de elefantes...

(Ilustração: Walter Lara)

(Neusa Sorrenti. *Paisagem de menino*, Franco Ed., p. 18)

No poema à esquerda, Walter Lara, artista plástico com trabalhos expostos em coleções no Brasil e no exterior, optou por uma solução muito criativa para ilustrar o poema "Birutéia". Ele acrescentou à imagem da referida bruxa – com seu inseparável caldeirão gosmento – a figura majestosa do cavaleiro Dom Quixote de La Mancha. Este aparece numa só cor, em segundo plano, como se estivesse procurando aventuras por aquelas redondezas, altivo, na sua silhueta de prata, configurando-se como um interessante recurso intertextual.

Outra excelente proposta é apresentada no livro de haicais de Angela Leite de Sousa com origamis de Pipida. São poemas que homenageiam artistas como Aleijadinho, Volpi, Beethoven, Chaplin, Tom Jobim, Cecília Meireles e outros grandes nomes:

> Nos campos de trigo
> esvoaçam para sempre
> corvos de Van Gogh.

(Angela Leite de Souza. *Palavras são pássaros.* Salesiana, p. 10)

(Ilustração/origami: Pipida)

Corvos de origami transitam aflitos sobre o trigo, redesenhando a solidão do pintor holandês (1853-1890) ao criar sua última tela, intitulada *Campo de trigo com corvos.*

Ultimamente o mercado tem investido em livros para crianças e jovens privilegiando o diálogo com a arte, por meio de projetos gráficos bem cuidados, assim como a escolha de ilustradores empenhados em interagir com o texto verbal.

À medida que a obra de arte passa a ser compreendida pelos educadores como objeto construído como linguagem, capaz também de transformar o homem e o mundo, a questão da leitura da imagem torna-se uma necessidade emergencial para a sua formação como mediador de leitura.

Para se construir um leitor de imagem, seja imagem da pintura, da escultura, do cinema ou da palavra é necessário um olhar aberto, disponível e articulador de fragmentos. Como o olhar do arqueólogo, do viajante ou do restaurador... Enfim, um olhar que possibilite fugir da massificação que as culturas tentam imprimir ao homem urbano contemporâneo, seja criança ou adulto.

Para um maior conhecimento do assunto, aconselha-se a leitura do livro *Palavra e imagem: leituras cruzadas*, de Ivete Lara Camargos Walter, Maria Nazareth Soares Fonseca e Maria Zilda Cury (2000).

# Com a mão na massa:
## sugestões para oficinas

Exercícios para desinibição
A musicalização do poema
O poema e sua ilustração
Exercícios poéticos
Sugestões para oficinas na sala de aula e na biblioteca
Sugestões para a apresentação dos trabalhos

*Não me sai da lembrança um professor de meus*
*tempos de ginásio que, ao dar-nos o tema para a*
*redação de Português, dizia: "Não adianta*
*escreverem muito, meninos, porque só leio a*
*primeira página: o resto eu rasgo".*
Mario Quintana

A poesia vem acompanhando o ser humano desde a sua mais remota infância, a exemplo dos jogos de ninar, jogos de palavras e fonemas e canções folclóricas, preservando a magia natural do ser humano e libertando-o das convenções. Ressoam nos nossos ouvidos parlendas, quadrinhas, cantigas rimadas, que acabam sendo transmitidas de geração a geração. E isso se processa de modo sereno e agradável. Até aí, tudo bem.

Mas e a poesia dita culta? Ela parece vir cercada de uma certa reserva, enquanto a popular, de modo geral, se apresenta mais acessível, não aponta o autor e, quando o faz, este parece familiarizado com o leitor.

A poesia culta, por vezes, se reveste de uma aura de mistério e, até mesmo, de um certo hermetismo. Acaba sendo considerada inatingível e, consequentemente, costuma necessitar de mediadores ou de uma certa iniciação. Daí o descaso ou a indiferença geral de que ela é vítima, sem contar a onda de elitismo que lhe atribuem. Mas quando essa poesia é recitada no palco – poesia-espetáculo – ou quando é veiculada pela música – poesia-canto – ou quando é vivenciada num clima de prazer, caindo na mediação da brincadeira, passa a ser amada e consumida pelo leitor de qualquer idade.

Algumas pessoas admitem que o caráter sintético de que se reveste a poesia acaba dificultando a sua compreensão, mesmo porque ela privilegia o todo e não as partes, pela própria constituição econômica da linguagem – o que não acontece com a prosa. O antigo professor do poeta Quintana que o diga!

É oportuno lembrar que poemas curtos ou poemas longos podem apresentar igual beleza. Minha geração se emocionou com um cão chamado Veludo, que era "magro, asqueroso, revoltante, imundo" – poema de Luís Guimarães em 30 quartetos. Conheceu também o corajoso Plutão, de Olavo Bilac, construído em 11 estrofes (COSTA, 2003, p. 86-88).

Na antologia *Os cem melhores poemas brasileiros do século*, organizada por Ítalo Moriconi (2001, p. 153; 177), encontram-se poemas de Drummond, entre os quais "A mesa", que ocupa onze páginas, e "A máquina do mundo", quatro páginas. Como ficar só com a primeira página, meu bom Quintana?

De modo geral, os poemas publicados hoje em livros com projetos gráficos direcionados às crianças e aos jovens ocupam uma página, *o resto os poetas rasgam...* Seria mesmo? Mas o que se sabe é que o trabalho de leitura do texto poético, seja longo ou curto, é o de completar os vazios que ele deixa para que o leitor os complete com a sua experiência e a sua individualidade.

Então, mãos na massa! As sugestões de oficinas de texto poético que se seguem são produto de um trabalho que venho desenvolvendo em encontros e cursos de literatura infantil e juvenil. Cada um pode adaptá-las à vontade. Em poesia também vale adequar, misturar sugestões, acrescentar novas ideias. Só não vale ter medo de tentar, de se aventurar. Não estamos em 1395. Eu explico: Segundo Dora Incontri, no seu livro *Estação Terra*, no ano de 1395 o rei da França, Carlos VI baixou a seguinte ordem:

> A todos os poetas, fazedores de versos e cantigas e a todos os menestréis de boca, recitadores de versos, que eles não façam, nem dediquem nem cantem, aqui e em nenhum lugar, nenhum verso, nem rima, nem cantiga que mencionem o papa, o rei, nosso senhor, nossos senhores da França, sob pena de serem postos na prisão, dois meses a pão e água. (CARLOS VI *apud* INCONTRI, 1992, p. 25)

Hoje os tempos são outros. Apesar de tudo, são outros. E cada tempo escolhe os fios para tecer a sua história.

Antes de pegar o fio da escrita, seria aconselhável realizar em sala de aula algumas atividades orais visando deixar a turma mais predisposta ao trabalho.

Os profissionais que se dedicam ao estudo da teoria, de modo geral, manifestam dificuldades em fornecer receitas de atividades ou fórmulas aos professores para ajudá-los na prática de seu dia a dia. Mas acredito que fornecer um instrumental mínimo, como sugestão de trabalho possível de ser realizado, não significa subestimar a criatividade do professor. Pelo contrário: pode ser um ponto de partida.

Então, vamos às sugestões de atividades. Elas podem ser propostas aos poucos, a partir da observação do interesse dos alunos. Vale lembrar que é sempre bom levar para o aluno poemas que o professor considera interessantes.

A maneira de receber a poesia na sala de aula não deixa de ser um momento especial, mas não deve revestir-se de exageros e pompas, muito menos ficar a serviço de atividades redutoras da sua proposta estética. Obrigatoriedade para memorização e cópia, estudo de gramática e fixação de termos técnicos da versificação devem ficar longe do alcance do aluno, principalmente nas séries iniciais, como já se falou anteriormente.

A poesia é para ser lida, ouvida, cantada, sentida, vivenciada. No segundo ciclo do Ensino Fundamental, o aluno já pode incursionar em atividades mais aprofundadas, seja no conhecimento de técnicas de composição, seja na atribuição de sentidos, o que não dispensa nem substitui o ler, o cantar, o ouvir, uma vez que a escola deve-se empenhar em atender o aluno na sua capacidade de viver, de modo lúdico, intuitivo e criativo, o conhecimento do mundo.

Paira no ar a indagação mais frequente. E então, o que se deve fazer para começar o trabalho com a poesia? Acreditamos ser conveniente "começar do começo", isto é, sugerindo atividades que envolvam o ato de ouvir e ler poemas com vários ritmos, melodias e entonações.

## Atividades iniciais

a) Entrevistando a família: o professor pode sugerir que os alunos façam uma reportagem sobre poesia, a partir de entrevistas com seus familiares e com a vizinhança. Podem transcrever o que conhecem, valendo como "poesia" qualquer rima, quadrinha, canção, na íntegra ou apenas um pedaço. Os próprios alunos também recitariam e/ou escreveriam, se já alfabetizados, os versos dos quais se lembram e gostam. Disso já resulta um material eclético que pode se desdobrar em trocas entre colegas ou na formação de uma antologia própria de suas vivências.

Assim, o professor já teria uma ideia muito mais verdadeira do que é poesia para seu aluno. As crianças estariam mostrando ao adulto o que lhes falta e o que lhes sobra. Aí é chegada a hora em que o professor entra na roda e contribui com os "versinhos" de sua infância e outros de que gosta.

Esta atividade, que pode se desenrolar por mais de um bimestre, facilitará a apresentação do aluno à poesia dos livros.

b) Ouvindo sem compromisso: criar oportunidades para que o aluno sinta prazer em ouvir poemas: ouvir através da própria voz, da voz do grupo e da voz do professor. Se possível ouvir a voz dos próprios poetas em fitas ou discos, disponíveis no mercado.

c) Se ouvir é bom, ler em silêncio folheando poemas pinçados aqui e ali também constitui um excelente exercício. Cada leitor escolhe o que lhe apraz: poema lírico, poema bem humorado, poema concreto, poema que aborda problema social, poema satírico, poema que conta uma história, poemas produzidos em outros países de língua portuguesa.

d) Leitura rítmica: esta leitura visa explorar o aspecto rítmico do poema. Os alunos deverão buscar, no próprio corpo, sons que possam acompanhar a leitura, tais como: bater palmas, bater as mãos nos braços e nas pernas, estalar os dedos e a língua, bater os pés, assobiar... Em seguida, discutirão o motivo da escolha de tais sons para tal poema, podendo também inserir onomatopeias, isto é, palavras que representam os sons. Para a atividade, sugere-se, entre tantos textos com cadência bem marcada, a leitura do poema "Samba", de Almir Correia (ver p. 74).

e) Apreciação de poemas: vários poemas são apresentados ao aluno. Aqui vão alguns, seguidos de uma breve sugestão para apreciação e leitura em classe, sem, entretanto, pedir no momento a análise do poema.

Poema 1:

### Não vale a pena pisar

O capim não foi plantado
nem tratado,
e cresceu. É força
tudo força
que vem da força da terra.
Mas o capim está a arder
e a força que vem da terra
com a pujança da queimada
parece desaparecer.

Mas não! Basta a primeira chuvada
para o capim reviver.

(Manuel Rui. In: Sophia Andresen.
*Primeiro livro de poesia*. Caminho. p. 116.)

- O poeta nasceu em Angola (África) e seu poema fala sobre a força da natureza, tema muito recorrente na poesia africana. Uma sugestão para a sala de aula: o professor faz uma primeira leitura. Na segunda leitura, um coro de alunos repete os dois últimos versos. O professor também pode sondar se a turma já ouviu falar de Angola. Se a turma tiver interesse, caberia aqui uma ida à biblioteca para pesquisar sobre o país numa enciclopédia ou na internet. Uma pesquisa breve apenas para situar o autor e ampliar conhecimentos. Nada que cheire a dever de casa, a tarefa enfadonha.

Poema 2:

### Menino moreno

Na rua do esconde-esconde
mora um menino moreno
que foi à praia sozinho
quando caiu o sereno.

Escondeu o coração
na menor concha do mar,
depois sentou na areia
pra ver a noite passar.

Viu arraias e sereias,
procurando o sentimento
que ele guardou direitinho
na concha do esquecimento.

Viu seus sonhos em navios
acesos em alto mar,
indo a um país distante
que se chamava Amar.

(Cristina Aragão. *Ilerê: rimas para crianças*. Bagaço, p. 24-25)

- A autora é de Recife, gosta de poesia popular, faz cordel e é arquiteta. O poema pode ser lido tendo como música de fundo uma canção de Caymmi. Comentar com os alunos os elementos retratados: mar, areia, navios, sereias, sentimento de solidão. Conversar sobre a emoção descrita nos versos, deixando que os alunos expressem o seu pensamento.

Poema 3:

### Historinha

A galinha fez cocô
no chinelo da menina.

A menina ficou brava
e gritou para a galinha:

– Ora vá fazer cocô
no poleiro da vizinha!

A galinha fez có có!
A menina fez: xô xô!

Cada uma foi prum lado
e acabou-se a historinha.

(Carlos Queiroz Telles. *Abobrinha quando cresce...* Moderna, p. 9)

- O autor nasceu em São Paulo e se dedicou ao teatro e à literatura. Muitos de seus trabalhos seguem a linha do humor, da sátira e do ludismo. No caso de "Historinha", sugere-se: o professor inicia convidando a turma para entrar no jogo de vozes. As meninas leem a terceira estrofe e os meninos leem as demais. E no final justificam a escolha do título do poema, dando opinião ou transformando o texto em história em quadrinhos – cujo enredo já se configura claramente para o leitor.

Poema 4:

## Chumbo

Metal e palavra
de cores tristes
de cinza e cinza.

E o projétil
das carabinas?
Elas projetam
e ele elimina.

E os chumbinhos
das espingardas
nos passarinhos?

Chumbo era vida
quando gravava
nos livros
palavras lindas.

(Libério Neves. *Mineragem.* Lê, s.p.)

- O poeta Libério Neves nasceu em Buriti Alegre (GO) e reside em Belo Horizonte desde 1952. Dono de uma dicção poética invejável, esbanja sofisticação com simplicidade, ritmo e lirismo. A leitura da primeira estrofe do poema pede um tom quase lamentoso. Na segunda e na terceira estrofe, muda-se a cadência, pois a denúncia se delineia clara e cruelmente. O desfecho acena com a lembrança de chumbo na invenção dos tipos móveis por Gutenberg. A turma lê a quarta estrofe e um coro repete, quase cantando: "palavras lindas", "palavras lindas" (várias vezes).

f) Apresentar dois ou mais poemas com temas semelhantes e pedir aos alunos uma apreciação oral daquele texto de que mais gostou e por que o escolheu. Exemplo:

### Gente Grande

Gangorrar nas folhas da bananeira era tão bom
mas muito perigoso,
chupar manga lá nas grimpas da mangueira era uma beleza
mas perigoso,
rapar o tacho de goiabada era ótimo
mas quem come a rapa fica burro.
Que delícia um bolo saído do forno
mas bolo quente dá dor de barriga,
beber água na bica e andar de pé no chão
enche a barriga da gente de bichinhos.
Que beleza as manhãs de inverno, a geada
mas é perigoso ficar resfriado,
amassar barro é tão bom
mas a terra é muito suja.

Foi assim que aprendi a ter medo,
foi assim que virei gente grande.

(Wania Amarante. *Quarto de costura*. Miguilim, p. 51)

### Gente grande

Deixe a criança ajoelhar na terra
e manusear seus controles remotos.

(Paulinho Pedra Azul. *Uma fada nos meus olhos*. Lê, p 12)

### Gente grande

Só gente grande consegue
chorar sem fazer barulho.
Só gente grande consegue
mentir sem piscar o olho.

(Leo Cunha. *Debaixo de um tapete voador*. Ediouro, s.p.)

Obs.: a atividade torna-se mais interessante e instigante se
o aluno aprecia o poema sem saber de quem é. Para isso, basta

ocultar o nome do poeta e do livro, e só mostrá-los no final da atividade.

g) Pedir aos alunos que teçam comentários sobre um texto em prosa e um texto em verso (com assuntos semelhantes ou não) verificando diferenças e analogias quanto ao espaço no papel, à linguagem, ao desfecho, etc...

I      No início
       do itinerário
       um índio viu
       o rio
       e viu a Iara
       e riu que riu,
       olhando a Iara,
       olhando o rio.

(Elias José. *Quem lê com pressa tropeça*. Lê, p. 11)

### Conselho

Se você quer  um conselho, conselho bom, dado de graça, tenho um para você: é o de não me levar a sério nem me tomar como exemplo.

Dizem que eu sou sábio. Qual o quê! Não se equivoque. Não me imite no que sou, no que fiz [...] O que tenho de assinalável para você levar em conta estará, talvez, no que não fiz, nem aprendi, e me deixou capenga no corpo e na alma, cheia de buracos: os buracos da minha ignorância. Ocupado em ler – consumo livros como uma traça – e escrever – que foi a melhor forma que achei de aprender –, eu me fechei para o mundo. Virei um erudito, come-papel, que não sabe dançar nem se divertir e não é capaz de fazer nada com as mãos, nem a comida que come [...].

Essa minha ignorância é mais feia porque talvez seja coisa de brasileiro urbano. Os capiaus, aparentemente ignorantes, são muito mais sábios que nós. [...] Os índios, muito mais ainda, têm nome para cada planta ou bicho e sabem da utilidade ou ruindade de cada um deles; estão sempre atentos, sabem sempre em que fase da lua estão vivendo: se é tempo de mangaba ou pequi, se já passou a piracema, ou se ainda virá. Sabem até, em cada tempo, se é tempo de revoada dos passarinhos ou deles botarem ou chocarem. Seja um índio, cara, ao menos nisso! Seja um índio na sabedoria.

(Darcy Ribeiro. *Noções de coisas*. FTD. p. 47)

h) Depois de todas essas atividades de apreciação do poema é chegado o momento de aprofundar um pouco mais o trabalho, privilegiando comentários relativos aos sentidos que podem ser atribuídos ao texto. A turma vai se valer da observação do jogo de palavras, da maneira como o poeta construiu as frases e, principalmente, das significações "escondidas no poema", ou seja, a percepção de que, quando o poeta fala de um determinado assunto, ele pode mesmo é estar querendo tocar em outro(s).

Cada professor sabe a hora de trabalhar a construção dos sentidos do poema com os seus alunos. Basta deixá-los descontraídos e ir orientando o trabalho com perguntas que os auxiliem, que os motivem, escapulindo das obviedades, valendo lembrar que atividades em excesso ou repetidas podem ser nocivas ao poema.

Vejamos algumas sugestões de perguntas que podem ser feitas aos alunos (oralmente ou por escrito) sobre o poema "A rosa":

### A rosa

Leve, leve a rosa
desata as cores mansas.
Madrugada.

Breve, breve, a rosa
desfaz-se ao sopro leve
da alvorada.

A rosa é um minuto
breve, breve.

A vida é uma rosa
leve, leve.

(Celina Ferreira. *Papagaio Gaio: poeminhas*. Formato, p. 9)

– Vamos ler o poema em voz baixa?

– O que vocês acharam do tamanho dos versos e das estrofes? Isso teria influência na interpretação do poema? Por quê?

– Quais as palavras que poderiam substituir "desata", na 1ª estrofe? Experimentem fazer uma substituição e falem sobre o resultado. Ficou melhor ou pior? Por quê?

– O que vocês entendem por "cores mansas"? Essa qualidade é comumente atribuída às cores? Expliquem. E se as cores fossem ferozes, como vocês as imaginariam?

– O poema focaliza momentos do dia: madrugada e alvorada. Quando eles acontecem? Que relação têm com o tempo de vida da rosa?

– Falem sobre o jogo de palavras leve, leve / breve, breve. Vocês notaram que o poema começa e termina com a ideia de "leve, leve". Experimentem achar um motivo possível para o emprego desse recurso. "Leve, leve" (na última estrofe) também poderia ser imperativo do verbo levar? Essa possibilidade modificaria os sentidos do texto? Justifiquem a resposta.

– Ao aproximar "vida" e "rosa", vocês acham que o eu lírico provavelmente estaria falando de quê? Vocês concordam com a ideia de que a vida seja uma rosa?

– Vocês já ouviram a expressão *"carpe diem"*, comentada no filme *Sociedade dos poetas mortos*? Trata-se de uma expressão latina que significa "aproveita o dia!" São palavras do poeta latino Horácio, lembrando que a vida é curta e que é preciso se apressar para aproveitá-la. Que relação ela teria com o poema "A rosa"? Vocês acham que o convite para se aproveitar a vida – que é curta – pode ser um modo de dizer aos jovens que não haverá expectativas quanto ao futuro?

– Leiam novamente o poema, substituindo a palavra "rosa" por "vida" em todo o texto. O que acharam?

– Um poeta, ao escrever, pode atribuir ao eu lírico muitos sentimentos, como mágoa, dor, alegria, leveza, doçura, calma, tristeza, raiva, aflição, saudade e muitos outros. Em termos de sentimentos, o que se pôde observar nesse poema? O que vocês sentiram ao lê-lo?

Professor: peça que os alunos escrevam as sensações que experimentaram com a leitura do poema. Depois convide dois ou três alunos para ler o poema novamente, tentando passar, por meio de sua leitura – entonação, volume de voz, etc. – as sensações que tiveram. Em seguida, o grupo adivinharia as sensações percebidas.

Muitos textos dialogam com outros e parecem se entender muito bem. Leia para a classe o poema "O vestido de Laura", de Cecília Meireles, e peça que os alunos apontem os possíveis elementos que possa ter em comum com o poema "A rosa".

### O vestido de Laura

O vestido de Laura
é de três babados
Todos bordados.

O primeiro, todinho,
todinho de flores
de muitas cores.

No segundo, apenas
borboletas voando,
num fino bando.

O terceiro, estrelas,
estrelas de renda
– talvez de lenda...

O vestido de Laura
vamos ver agora
sem mais demora.

Que as estrelas passam,
borboletas, flores
perdem suas cores.

Se não formos depressa,
acabou-se o vestido
todo bordado e florido!

(Cecília Meireles. *Ou isto ou aquilo*. Nova Fronteira, p. 36)

Cabe ao professor adaptar as perguntas sugeridas, atenuando ou aprofundando as abordagens. É certo que muitas outras questões são cabíveis, mas tudo vai depender das experiências de leitura e da maturidade leitora da classe.

Para finalizar a atividade, seria muito oportuno conversar com os alunos sobre os seguintes pontos:

- o poema tem multissignificação: sempre permite mais de uma leitura. Mas Umberto Eco adverte que não se deve fazer o que se queira da obra literária. A sua leitura nos obriga a um exercício de fidelidade e de respeito na liberdade da interpretação (Eco, 2003, p. 12);

- o poema aparece de diversas formas e pode tratar de qualquer assunto: alegria, morte, rejeição, humor, perda, saudade, etc., mas é importante que a sua construção revele propriedade e adequação vocabular na abordagem dos temas referidos;

- a poesia pode ajudar a romper o modo convencional de perceber e de julgar os fatos. Ao encenar os jogos de linguagem, ela acorda o leitor para as estranhezas do cotidiano. O leitor passa, então, a ver a realidade com novos olhos, dando atenção a aspectos nunca antes percebidos.

## Exercícios para desinibição

Após as atividades feitas inicialmente com vistas a desinibir a turma, podem ser propostos os seguintes exercícios escritos à classe:

a) Escrita automática: escreva bem rápido uma porção de palavras que considera cheias de significados. Depois escreva muitas palavras que comecem com a primeira letra de seu nome. Na oportunidade, tente aproximar o aluno do próprio nome, seja no motivo pelo qual os pais o escolheram, seja na brincadeira com a sua sonoridade.

b) Associação livre: escreva palavras que possam ser associadas, por algum motivo, às seguintes:

detetive: _____

flor: _____

amigo: _____

c) Palavra geratriz: forme um pequeno texto em versos, empregando, em qualquer ordem, pelo menos cinco destas palavras:

| | | |
|---|---|---|
| automóvel | pássaros | mundo |
| árvores | esgoto | paraíso |
| rio | peixe | crianças |

d) Enumeração: faça um texto mostrando uma sequência de elementos, de preferência não usando verbos. Serão frases nominais, parecendo fotografias em série, como por exemplo:

**Um rio**

Uma ponte
um menino
o sol
o vento
um anzol
um sabiá
que saudade
Rio Pará...

(Neusa Sorrenti. Inédito)

# Exercícios com a disposição gráfica

Primeiramente mostre versos dispostos na página de maneiras as mais variadas: versos longos, versos curtos, palavras que parecem despencar da estrofe, palavras que ondulam na página, palavras que sobem ou descem. Em seguida, apresente os poemas que se seguem e peça comentários sobre o efeito das imagens nos sentidos dos textos.

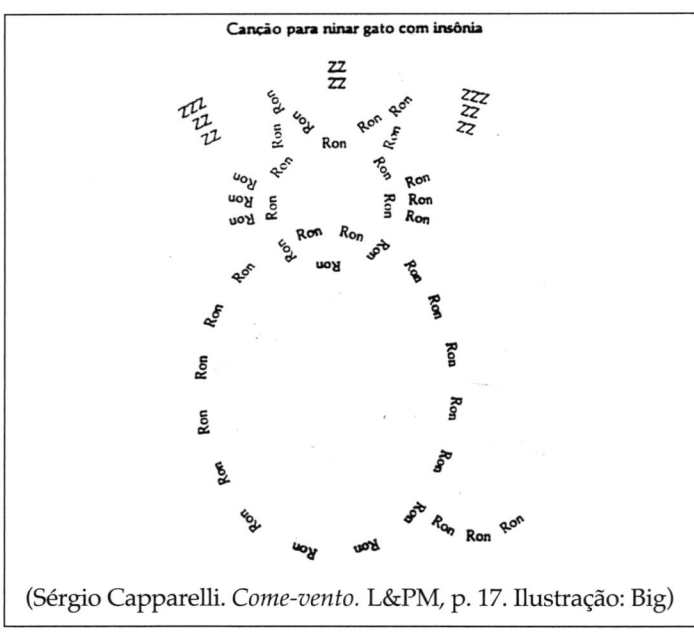

(Sérgio Capparelli. *Come-vento*. L&PM, p. 17. Ilustração: Big)

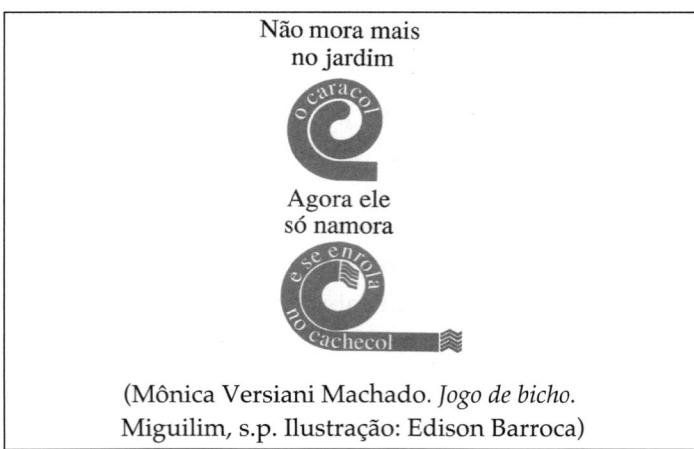

(Mônica Versiani Machado. *Jogo de bicho*.
Miguilim, s.p. Ilustração: Edison Barroca)

Neste trecho, o poeta desenha com versos o corpo ondulante da naja, deixando sobressair os seus olhos perscrutadores.

Os alunos poderão criar textos parecidos, "desenhando" também com os versos os animais ou objetos de sua preferência.

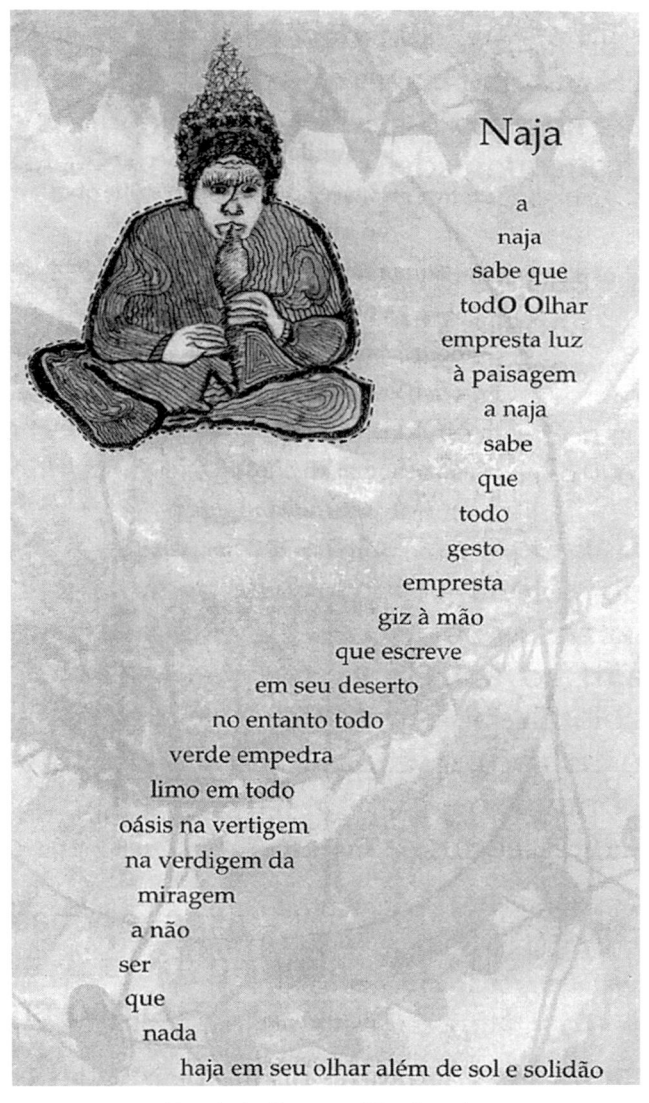

Naja

a
naja
sabe que
todO Olhar
empresta luz
à paisagem
a naja
sabe
que
todo
gesto
empresta
giz à mão
que escreve
em seu deserto
no entanto todo
verde empedra
limo em todo
oásis na vertigem
na verdigem da
miragem
a não
ser
que
nada
haja em seu olhar além de sol e solidão

(Antônio Barreto. *Vagalovnis.*
Dimensão, p. 39. Ilustração: Sérgio Pessoa)

Em seguida, peça aos alunos para mudarem a disposição dos versos de alguns poemas. Podem partir a estrofe, transformar a quadra em dístico, deixar palavras isoladas na linha, usar desenhos, cores – mas lembrando sempre que ao promover essas mudanças, os significados do poema também podem mudar. Veja o poema de Wilson Pereira e a sua disposição modificada pela autora, à direita.

Pelas encostas vermelhas,
a noite vem subindo a montanha,
carregando nos ombros
o seu balaio de estrelas.

(Wilson Pereira. *Rumo à estação poesia*. Antologia organizada por Ronald Claver. Dimensão, p. 24)

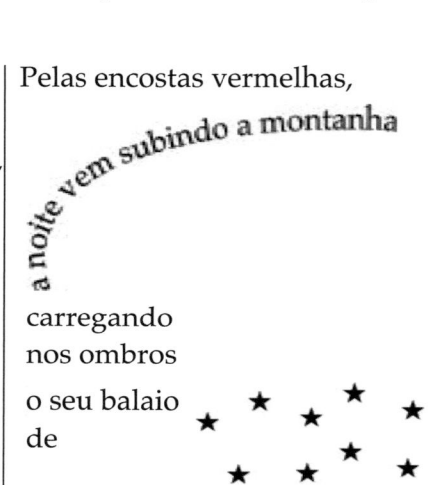

## A musicalização do poema

Algumas vezes, a criança brinca com o poema à sua maneira. Mas, de modo geral, ela gosta de dividir a brincadeira com o adulto. Conhecendo essa peculiaridade da poesia para crianças, isto é, a presença de mediadores para tornar a atividade mais interessante, poder-se-ia pensar em atividades voltadas para a música, aplicadas ao poema.

Tanto a família como a escola podem apresentar o poema à criança por meio de cantigas de roda, canções folclóricas, parlendas, cadência marcada com palmas, instrumentos de percussão. O poema, então, se transforma numa alegre brincadeira e, ao mesmo tempo, é um estímulo à sensibilidade perceptiva das crianças. Ele pode até desempenhar, por meio do jogo, uma função catártica.

Não é só a criança que aprecia cantar poemas. O adolescente acolhe a atividade com bastante interesse. E como começar? Vale saber que os versos de sete sílabas poéticas ou redondilha maior (ver p. 67-68) são os mais fáceis de serem cantados com as melodias de canções populares, como: "Ciranda, cirandinha" "Terezinha de Jesus", "Peixe vivo" e até mesmo "Asa Branca", de Luiz Gonzaga e Humberto Teixeira.

Experimente cantar com seus alunos as quadras:

| **A boneca** | **Canção do exílio** |
|:---:|:---:|
| Olavo Bilac | Gonçalves Dias |

| | |
|---|---|
| Deixando a bola e a peteca | Minha terra tem palmeiras, |
| Com que há pouco brincavam, | Onde canta o sabiá; |
| Por causa de uma boneca, | As aves, que aqui gorjeiam, |
| Duas meninas brigavam. | Não gorjeiam como lá. |
| [...] | [...] |

(In: *Ouvindo estrelas*. Antologia organizada por José Mauro da Costa. Maza, p. 20 e 62, respectivamente).

Mas nem só de redondilhas vive a poesia. Dependendo da métrica, é necessário testar outras melodias. Com um certo treino, os alunos descobrirão outras sequências melódicas para novas adaptações. Por vezes, o próprio poema sinaliza a melodia que pode ser usada. É o caso de "Meu carneirinho, meu carneirão" (ver p. 91) cujos versos lembram melodicamente a cantiga de roda "Carneirinho, carneirão."

**RIO MEDROSO**

A água
do rio
correndo
da chuva.

Acode,
Maria.
A chuva
tá fria.

Que rio
medroso,
São Pedro
dizia.

Parece
um gato
ao ver
a bacia.

Não temos
caldeira.
Já é
meio-dia.

Chuveiro
elétrico
você
queria?

(Neusa Sorrenti. *O gatinho que cantava*. Lê, p. 20-21.
Ilustração: Denise Rochael)

O poema "Rio medroso", construído com versos de duas sílabas, pode ser cantado com a melodia de "Águas de março", de Tom Jobim.

Alguns livros trazem um encarte com o CD gravado e estão sendo bem recebidos nos lares e nas escolas. Nos poemas que se seguem, o leitor já encontra a sugestão da melodia abaixo do texto, mas nada impede que ele se aventure a procurar ou criar outras.

## Matinê

Ah, minha bela menina!
Quando te vejo
é tão bom!

Você é muito mais bela
que flor
de papel crepom.

Ah, minha doce menina!
quando te vejo
é bacana!

Você é muito mais doce
do que melado
de cana.

Ah, minha querida menina!
quando te vejo
é um problema:

você é bem mais difícil
que o dinheiro
pro cinema!

Para cantar:
Cachorrinho está latindo.
A cada duas estrofes, acres-
cente o refrão: Ô tindolelê,
ô tindolelê-lalá!

(Neusa Sorrenti. *Chorinho no riacho e outros poemas para cantar.* Formato, p. 14. Ilustração: Denise Rochael)

**Cavalinho**

Todo dia
à mesma hora
cavalinho
passa correndo.

Com a crina
balançando
é tão lindo
que só vendo!

Todo mundo
quer saber
o que está
acontecendo.

Cavalinho
vai à escola:
muita coisa
já está lendo...

Para cantar:
Peixe vivo

(Neusa Sorrenti. *Chorinho no riacho e outros poemas para cantar*. Formato, p. 21. Ilustração: Denise Rochael)

Como se percebe, a poesia infantil muito se liga à brincadeira. Parente próxima do ludismo, embora este não seja privativo da criança, a poesia infantil genuína é indistinguível da poesia não adjetivada, salvo talvez em termos temáticos. Esse parentesco incentiva a escola a usar o poema para trabalhar outras formas de expressão. Sob a sugestão do texto, produzem-se desenhos, montagens, coro falado e também novos poemas.

Por isso, quando são propostas atividades lúdicas com os poemas, têm-se em vista brincadeiras que recuperem a espontaneidade e o comprometimento dos jogos, que provoquem desafios a partir dos sentidos dos textos e, sobretudo, que estimulem a participação do leitor, como é possível constatar nestas adivinhas da festejada ilustradora e escritora Angela Lago:

> Quero ver adivinhar!
> O que falta numa anta
> Para ir para o altar?
> [a letra "s"]

(Angela Lago. *ABCdoido*. Melhoramentos, s.p.)

## O poema e sua ilustração

Os livros de poemas para crianças, geralmente, seguem a mesma linha dos livros de narrativa em prosa, ou seja, trazem ilustrações que fascinam e dialogam com o texto. Mas há um detalhe: os livros de poemas possuem espaços em branco bem maiores! Seria aconselhável preenchê-los com mais imagens?

Os poeta gaúcho Mario Quintana, na sua brincalhona sabedoria, aconselhou as crianças a utilizarem as margens dos livros de poemas para desenharem gatos, homens, aviões, casas, chaminés, árvores, luas, pontes, automóveis, cachorros, cavalos, bois, tranças, estrelas – para que possam fazer parte dos poemas (QUINTANA, 1995, p. 147).

O poeta confirma a validade da interação entre texto e leitor, numa relação que supõe a participação deste na tarefa de recarregar o texto lido com as experiências vividas.

Para falar a verdade, o assunto *ilustração no livro* tem sido bastante questionado nos últimos anos. Alguns estudiosos, sobretudo da produção do livro infantil e juvenil, discutem sobre sua necessidade e obrigatoriedade, ao mesmo tempo em que observam a incidência de publicação de histórias com textos cada vez menores. Sabe-se que à criança menor deve ser oferecido um texto menos denso, por questões óbvias, e que esse texto precisa da imagem visual para facilitar a leitura. Entretanto, a observância ao apoio da leitura na ilustração torna-se discutível, à medida que se pensa que ela deva "traduzir" o texto. Na verdade, a ilustração supõe mais um diálogo do que uma tradução.

Para Maria Antonieta Cunha, a imagem não se restringe à função de traduzir o texto; ela ilumina novas percepções de leitura. Ela acredita que tão ou mais importante que a presença de ilustração num livro é seu projeto gráfico (definição do papel, diagramação, capa, tipo de letra, abertura em capítulos, etc.). Concluindo seu artigo, ela lembra que a ilustração precisa ser analisada no terreno da arte (CUNHA, 1996, p. 111-112).

Creio até que a ilustração do livro de poemas necessite de um olhar mais atento do editor e do ilustrador, devido à contenção e ambiguidade do texto poético, razões que nos levam a concordar com Quintana, no *Caderno H:* "E nunca me perguntes o assunto de um poema: um poema sempre fala de outra coisa" (QUINTANA, 1995, p. 32). Daí se dizer do perigo da ilustração/tradução do poema, uma vez que seu leque de sentidos não se alinha numa imagem manifesta, evidente.

Um ilustrador que fala a esse respeito é Ricardo Azevedo:

> Para essas crianças [que têm acesso a sistemas narrativos complexos muito antes de serem alfabetizadas] um livro não precisa trazer desenhos que, a pretexto de buscar uma

O ilustrador deixa claro que os desenhos ou as ilustrações para crianças não devem tomar o texto ao pé da letra, apenas pelo motivo de se imaginar que elas, as crianças, só conseguem fazer uma leitura literal dos mesmos, o que representa uma postura inaceitável. Azevedo propõe que os desenhos sejam somados ao texto por meio do diálogo texto/ilustrador, uma vez que este interfere no texto, à medida que se vê como um dos seus leitores, logicamente.

Desse modo, a ilustração deixaria de ser um mero ornamento gráfico para ser um fator de ampliação do elenco de significados do texto. Importante completar que sua beleza independe da opção preto e branco ou quatro cores.

Vale considerar ainda que a boa poesia pode dispensar esse apoio, e quando ele existir, deve ser um algo a mais, guiado pela qualidade do conteúdo do qual depende. Senão o livro cairia na estratégia publicitária de criar belas embalagens para produtos de gosto duvidoso.

Um bom exercício é analisar ilustrações de livros de poemas com os alunos. Após a discussão dos depoimentos de Quintana, Azevedo e Maria Antonieta, poderiam ser comentados em classe alguns aspectos ligados à ilustração, como:

a) comentários sobre ilustrações feitas com uma cor, chamadas de imagens "em preto e branco" – usadas tempos atrás e hoje praticamente "reservadas" ao livro pra jovens e para adultos. Na oportunidade, sugerir uma consulta em obras poéticas do acervo da biblioteca da escola, selecionar algumas e submetê-las à apreciação dos alunos.

Cumpre notar que a maioria das ilustrações de poemas em livros do século XIX costumava ter uma função pedagógica, ou seja, adiantava o assunto dos poemas para auxiliar sua memorização.

No entanto, conforme explica Luís Camargo, no *Livro das crianças*, da autora Zalina Rolim, publicado em 1897, "a relação entre poesia e ilustração não é redundante: o significado dos poemas se completa pela ilustração, como se constata em 'Cuidados maternais'. A voz poética em 1ª pessoa expressa amor e preocupações maternais, enquanto a ilustração explicita que a voz poética é uma menina brincando com sua boneca" (CAMARGO, 1998, p. 26-27).

### Cuidados maternais

Expor minha filhinha ao sol ardente –
Mamãe diz que é um perigo
Quero sentar-me ao delicioso abrigo
Deste arbusto virente.

A sombrinha de seda cor-de-rosa
Torna a luz tão suave!...
No arvoredo palpita um ninho de ave
Sob a fronde cheirosa.

[...]

Tão melindrosa e frágil! Pobre anjinho!
Traz-me em perpétuo anseio...
Quem me dera escondê-la no meu seio
Em faixas de carinho!...

E conservá-la assim – meu sonho eterno –
No íntimo do peito,
E de amor construir-lhe o níveo leito
No coração materno!...

(Zalina Rolim, *Livro das crianças*, s. ed., 1897, p. 15. Ilustrador não citado.)

b) comentários sobre ilustrações em quatro cores feitas para livros de poemas publicados na contemporaneidade. Podem ser analisados elementos como: técnica utilizada, cores empregadas, efeitos de luz e sombra, climas sugeridos, traços, expressão das pessoas, etc.

(Neusa Sorrenti. *Chorinho de riacho e outros poemas para cantar*. Formato, p. 30-31. Ilustração: Denise Rochael)

Neste trabalho, Denise Rochael mostra a opção por uma ilustração baseada nas cores e artes do Vale do Jequitinhonha, em Minas Gerais, transportando o leitor para um clima de magia interiorana perpassada pelo tom de barro da terra e pela singeleza das flores e ornamentos.

Em segundo plano, em forma de caricatura, a terna presença de Drummond, Quintana, Cecília Meireles – que hoje poetam no céu – e de Roseana Murray, também grande poeta, morando atualmente no Rio de Janeiro.

c) comparação entre ilustrações feitas para o mesmo poema por dois profissionais, em edições diferentes.

Como exemplo, observe os trabalhos feitos para o poema "Arco Íris" no livro *O menino poeta*, de Henriqueta Lisboa:

### arco-íris

Casa colonial
com sete sacadas
todas com vidraça
de puro cristal.

São sete meninas
através dos vidros.
E os seus vestidos
são coloridos.

As meninas (sete)
a tarde refletem
penteando os cabelos
com **pentes aéreos.**

Enquanto isto o sol
do seu fundo cofre
sobre o lago em sombra
sete cores joga.

O lago tremula
com pingos de chuva.
E as cores fulguram
num vago crepúsculo.

De suas sacadas
as pequenas iaras
penteando os cabelos
com pentes áereos

o Arco-Íris namoram.

(Ilustração para o poema "Arco-íris", s.p., feita por Odila Freitas. *O menino poeta*, de Henriqueta Lisboa. Edição especial para o Governo do Estado de Minas Gerais. Secretaria de Estado de Educação, Superintendência Educacional. Departamento de Programas Culturais Especiais)

(Ilustração para o poema "Arco-íris", p. 40, feita por Leonardo Menna Barreto Gomes. *O menino poeta*, de Henriqueta Lisboa. Mercado Aberto, 1991.)

Na primeira ilustração, feita por Odila Freitas em 1975, foi usada a técnica de bico de pena. Seu nome consta apenas na última página impressa, sem destaque algum, talvez pelo fato de, àquela época, não ser usual o nome do ilustrador na folha de rosto.

A segunda, feita com lápis de cor por Leonardo Menna Barreto Gomes, em 1991, tem o seu nome destacado na folha de rosto – o que denota uma mudança de postura quanto à importância do nome do ilustrador.

Há que se observar as diferentes leituras que os referidos ilustradores fizeram do poema. Odila Fontes colocou sete corações na sacada sobre a qual se debruça uma jovem. Leonardo Gomes usou as cores do arco-íris para pintar as sete janelas de vidro que refletem metaforicamente as sete iaras penteando os cabelos com pentes aéreos. Vale informar que foi publicada pela Peirópolis, em 2008, uma nova edição de *O menino poeta*. A obra referida traz prefácio de Bartolomeu Campos Queirós, posfácio de Gabriela Mistral, comentários sobre a obra de Henriqueta Lisboa, esboços e ilustrações de Nelson Cruz. Para dialogar com o poema "Arco-íris", ele criou sete janelas com sacadas, em perspectiva, com vidros refletindo pinceladas em cores variadas. Isso nos remete às palavras de Ricardo Azevedo (1991, p. 37): "Se um editor chama dez ilustradores para trabalharem em cima de um texto, o resultado será dez interpretações visuais do mesmo texto."

Para Angela Lago, ilustradora e projetista gráfica premiada no Brasil e no exterior, desenhar é uma forma de escrever, pois o desenho fala e chega mesmo a ser muito mais uma espécie de escritura, uma caligrafia do que uma arte plástica. Ela complementa o seu pensamento, valendo-se de Mário de Andrade, para quem os desenhos são para serem folheados, lidos como se fossem poesias, haicais, quadrinhas e sonetos. Todos – Angela, Quintana, Azevedo, Maria Antonieta e Mário de Andrade – apostam na validade da ilustração, como forma de escritura que se oferece ao interlocutor para leitura.

É possível concluir que as ilustrações não seriam apenas explicações ou adornos, mas teriam funções mais específicas como a de descrever objetos, cenários, personagens; narrar uma ação, uma cena; representar simbolicamente uma ideia e expressar emoções por meio da postura, gestos e expressões das personagens.

Vista sob esses ângulos, a ilustração acaba concorrendo para o que se poderia chamar de "alfabetização do olhar". Uma vez "alfabetizado visualmente", o leitor passa a perceber os recursos que o artista buscou para dialogar com o texto.

Isso vale também para os desenhos que as crianças fazem para seus poemas. Uma vez feitos com criatividade e naturalidade – tão próprias da criança – vão suscitar novos sentidos, comprovando a interminabilidade do diálogo. Assim como as crianças ficam horas imersas nas ilustrações feitas por um adulto, também o adulto pode se extasiar quando se dispõe a contemplar os desenhos que a criança faz para ilustrar seus próprios trabalhos ou poemas de autores que ela aprecia.

Não é preciso muito esforço do professor para que isso aconteça na sala de aula. A criança é muito intuitiva. Sua capacidade de maravilhar-se faz com que perceba os não ditos dos versos e das imagens.

No espaço da troca e da espontaneidade, o trabalho com a palavra e com a imagem jamais parecerá artificial. Muito pelo contrário: abandonando o compromisso de ensinar, firmado na poesia moralizante, o professor orientará a criança a buscar o oculto, o não revelado prontamente. E é por essa via que a poesia se estabelece como prática privilegiada da liberdade, demandando uma reflexão sobre as diretrizes escolares até então cristalizadas.

## Exercícios poéticos: quase poesia!

Por meio da apreciação oral e dos exercícios para a desinibição da escrita, o professor foi "azeitando a máquina" para um trabalho de produção de texto poético mais elaborado. Apreciando aqui, escrevendo ali, cantando acolá, eis que a criança e o jovem se encontram na antessala da poesia.

Não diríamos que já está na sala, porque poesia é arte, requer tempo para marinar. Cabe ao professor criar um espaço favorável para que os alunos mostrem o seu empenho e talento para fazer versos por meio das sugestões de atividades que passaremos a descrever.

Quanto à indicação da faixa etária, preferimos deixar que o professor decida qual atividade seria mais adequada à sua turma. Além do mais, ele pode fazer as adaptações que julgar necessárias, o que é ótimo, pois adaptar é recriar. Que a sala de aula e a biblioteca se tornem esse espaço de trabalho e prazer, ambiente propício para a oficina, que é o espaço do fazer.

### Oficina 1: Poema ligeirinho ou minidicionário poético

Escolher um substantivo, dando-lhe uma interpretação bem poética, dizendo coisas que ele lhe sugere, descobrindo para que ele serve, ou então propor a elaboração de perguntas que se configurem como minipoemas.

- Canarinho: Flauta de interpretar canções de gente feliz. Serve para duetar com assobios.
- Lua minguante: laranja murcha no pomar do céu.

- Bruxa noturna: borboleta de luto fechado.

(Neusa Sorrenti. Inéditos.)

---

### Chique

Chique é quem não dá chilique
Só porque é podre de rico.

Chique é quem não dá chilique
Só porque é podre de chique.

(Leo Cunha. *O cavalo alado e outros poemas*. Mary & Eliardo França / Zit Ed., p. 8)

---

- Liberdade: menino moleque
comendo goiaba

(Rita Espeschit *apud* CLAVER, 1992)

---

- Poesia: barulhinho de tamanco
atravessando a pinguela do rio.

(Professora participante de um Encontro de Literatura Infantil em Montes Claros, 1999).

Agora proponha aos alunos: façam um pequeno texto "interpretando" um desses substantivos: caravela, saudade, borboleta, sorvete, estrela, chuva, livro, chapéu, margarida e escola... Passem a limpo numa folha, com letras legíveis e exponham, em ordem alfabética, os "verbetes" no mural da sala.

Minipoemas em forma de perguntas:

- Como a música do mar
cabe num caracol? (p. 8)

- As mãos do destino
  usam anéis? (p. 9)

- Por que o chifre do boi
  não faz a lua inteira? (p. 4)

- Como o céu
  segura as estrelas? (p. 13)

- Por que perguntamos
  a vida inteira? (p. 13)

(Edimilson de Almeida Pereira. *O Primeiro Menino*. Franco Ed.)

Sugira que a turma construa um pequeno texto poético em forma de perguntas.

## Oficina 2: Envelope-surpresa

Recortar de revistas e jornais muitas palavras e colocar vinte em cada envelope, aleatoriamente. Distribuir um envelope para cada grupo e propor a construção de um texto interessante. O grupo pode escolher quantas palavras vai usar, e completar o texto com outras palavras escritas a mão. Às vezes, saem frases meio forçadas, mas nada que a criatividade não possa resolver. Depois de pronto ele ficaria assim:

## Oficina 3: Poema no jornal

Apresentar uma série de poemas publicados no jornal, retirados de suplementos e/ou cadernos especializados e pedir que os alunos escolham um deles para fazer uma reescrita. Se a turma quiser, poderá criar uma pasta com esses poemas recortados e com suas respectivas reescritas, lembrando-se de colá-los num papel mais grosso para facilitar o manuseio.

## Oficina 4: Manchetes de revista

Recortar manchetes ou frases significativas de jornais e revistas e propor que os alunos produzam um texto poético (em prosa ou em versos) sobre aquela frase – que pode resvalar para outro assunto bem diferente daquele proposto na matéria do jornal ou revista.

### Oficina 5 : Sacola poética

Sugerir a reescrita, em forma de paráfrase ou de paródia, de um poema, substituindo a "sacolinha de plástico" por: mala, bolsa, sacola de lona, mochila, baú... Pegar uma sacola usada em lojas, cobrindo a logomarca com papel colorido e escrever o poema neste papel. Cada grupo (ou dupla) providenciará a sua sacola. O poema que servirá como ponto de partida é a paráfrase:

**Pedacinho no jornal**

Para Roseana Murray

Perdi uma sacolinha de plástico
cheia de sonhos, bilhetes,
botões, caquinhos brilhantes,
esperanças, pedrinhas de víspora,
crença em cegonhas
e em Papai Noel.
Se alguém achar ou souber seu paradeiro,
por favor, me mande um recado
que eu pego minhas botas de sete léguas
e vou buscar...

(Neusa Sorrenti. *O gatinho que cantava.* Lê, p. 23)

Ao propor a reescrita do poema, o professor deixará a turma livre para criar ou poderá sugerir variações das frases iniciais. As barras indicam mudança de linha.

- Perdi sacola de papel / sacola onde eu levava...
- Achei sacola de plástico / com pedras e esperanças azuis...
- Procuro uma bolsa de pano / cheia de crenças em cegonhas / e em Papai Noel...
- Vendo uma mochila de náilon / onde você pode guardar saudades de chuva mansa / e luares do sertão...
- Ando à procura de um baú / onde eu possa guardar sonhos secretos...

Os alunos farão o rascunho do poema numa folha à parte. Depois vão passá-lo a limpo no papel colado na sacola e dependurá-la num fio de náilon na parede da sala ou do corredor da escola.

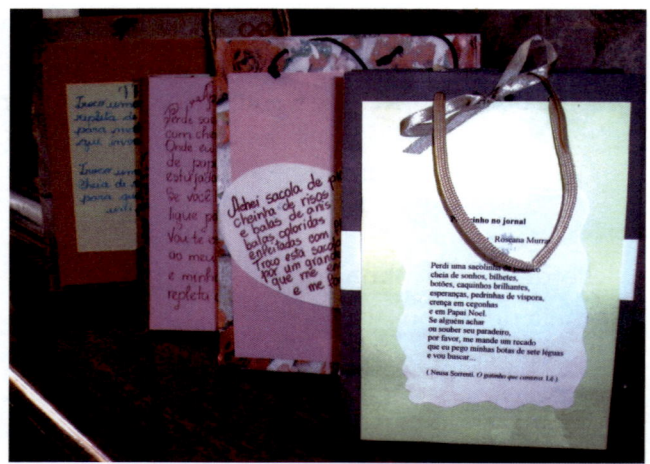

Oficina "Sacola poética"

Outra sugestão: para uma oficina por ocasião da Páscoa, propor outro suporte diferente da sacola e outras frases iniciais, como: *Procuro um ovo de Páscoa../ Vendo uma cesta de ovos... / Alugo um ninho cheinho.../ Achei no galho mais alto. /Troco um ovo de prata.../ Preciso urgente de um coelho...*

O poema concreto ou o poema figurativo se prestam como sugestão de construção de texto, como se vê em "Corretagem", feito numa oficina de poesia em Curvelo/MG, em 2005.

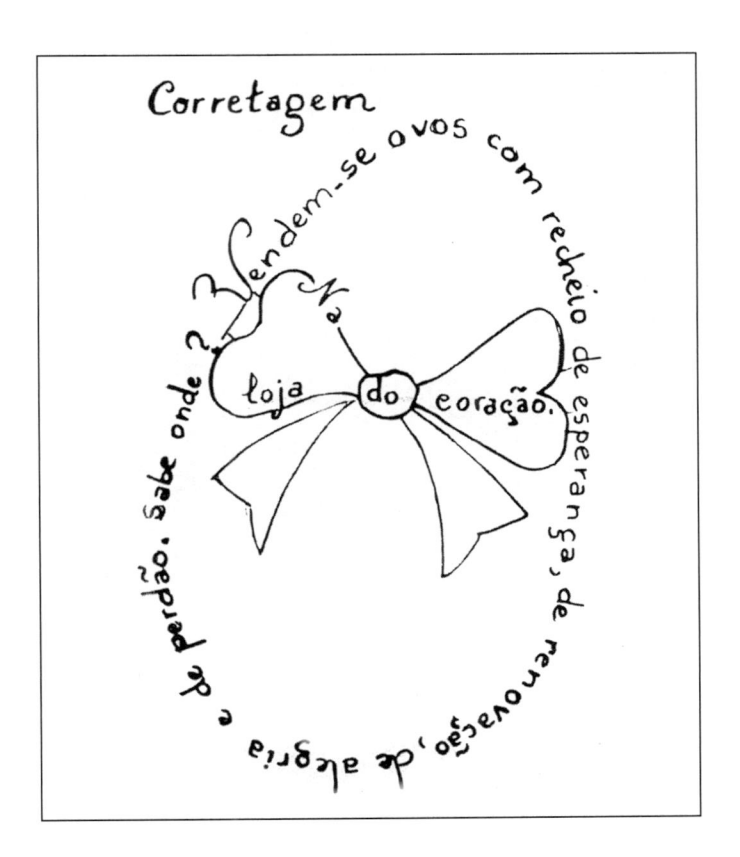

## Oficina 6: Imagem & palavra

Escolher uma gravura ou fotografia e observar bem os objetos ou seres retratados. Em seguida, fazer duas listas, escrevendo na primeira os nomes dos seres ou coisas que aparecem na gravura (os substantivos). Na segunda lista, atribuir qualidades aos substantivos por meio de expressões evocadas pela imagem. No exemplo que se segue, vê-se uma criança cuidando de uma corujinha que, certamente, caiu ou perdeu-se do ninho.

(Ilustração de Marcelo Bicalho para *Corujices*,
de Márcia Batista. Formato, p. 13)

| Substantivos | Qualidades |
| --- | --- |
| menino | de bom coração, cuidadoso |
| corujinha | fora do ninho, perdida |
| ninho | improvisado, quentinho |
| caixinha | de papelão |

As duas listas funcionam como um "esqueleto ou armação" do texto. A partir delas, o aluno vai tirar ideias para compor o seu poema, acrescentando outras palavras e expressões. Os versos do poema não precisam seguir, necessariamente, a ordem das palavras descritas nas listas, como:

# Corujinha

Um menino de bom coração
arruma com todo cuidado
uma caixinha de papelão
pra ser um ninho
improvisado.

Corujinha fora do ninho
machucada, com certeza,
tem saudade de seu lar.
Ela pia, num sussurro,
no ouvido do menino
um recado singular:

– Menino de olhos doces
cuide desta corujinha
mas que seja bem depressa.
Pois sua mãe já não agüenta
há três dias sem dormir,
no galho da gameleira,
esperando a filhinha
que se perdeu, coitadinha,
numa tarde nevoenta!

(Neusa Sorrenti. Inédito.)

Texto poético e imagem sempre se deram muito bem. O trabalho feito com gravura ou foto pode se estender ao livro de imagem: o professor apresenta o livro, propõe uma leitura silenciosa das imagens, depois uma leitura comentada das mesmas.

Em seguida, no quadro-negro, elabora com a turma as duas listas: substantivos e qualidades. A transformação do livro de imagem em texto verbal, por meio dessa técnica, se constitui como uma atividade prazerosa e facilmente realizável. Afinal, brincar de legendar a vida que mora nas imagens configura-se como um dos exercícios mais comuns nas séries iniciais.

### Oficina 7: Tira letra... vem palavra

Trata-se de uma atividade muito interessante e com resultados muito bons, pois os alunos, crianças e jovens, se descobrem criando belos poemas e são tomados de surpresa! Além disso, constitui uma prática de escrita poética bem atual, podendo ser usada em todas as séries durante o ano, sobretudo para atenuar o pedagogismo dos poemas de ocasião, como aqueles produzidos para a Semana da Pátria, da Alimentação, Dia do Meio Ambiente, dos Namorados – que geralmente costumam vir impregnados de didatismos.

A adaptação nasceu da leitura do livro *Diário de classe*, de Bartolomeu Campos de Queirós, que apresenta poemas sobre nomes de alunos, em ordem alfabética, como figuram na lista de chamada. O escritor apresentou um modo interessante de fazer *brotar palavras* a partir de uma palavra geradora, como ele explica no prefácio de seu livro:

> Se olho demoradamente para uma palavra, descubro dentro dela outras tantas palavras. Assim, cada palavra contém muitas leituras e sentidos. O meu texto surge, algumas vezes, a partir de uma palavra que, ao me encantar, também me dirige. E vou descobrindo, desdobrando, criando relações entre as novas que dela vão surgindo. Por isso digo sempre: é a palavra que me escreve. (QUEIRÓS, 1992, p. 5)

| L U Z I A | Luzia lia |
|---|---|
| L U Z . . | na luz da lua |
| L U . . A | Lia, lia |
| L . . I A | ... e ia! |

(Bartolomeu Campos de Queirós. *Diário de classe*. Moderna, p. 30-31)

Como se observou acima, a técnica baseia-se na supressão de letras de uma palavra, sem inverter a sua ordem, gerando novas palavras, que darão suporte à construção do poema.

Se o professor quiser usá-la na Semana da Alimentação, por exemplo, são estes os procedimentos:

- Cada grupo escolhe um tipo de fruta ou legume (tomate, laranja, melancia, abacate, repolho), ou palavras pertinentes ao tema, como vitaminas, proteínas, saúde, etc.

- Em seguida, o grupo começa a retirar letras da palavra sem mudar a sua ordem, formando novas palavras. O lugar das letras retiradas é substituído por espaço pontilhado. Nas turmas iniciais, pode-se usar um quadriculado para a criança visualizar melhor o lugar de cada letra.

Apenas para exemplificar, tomemos a palavra "tomate":

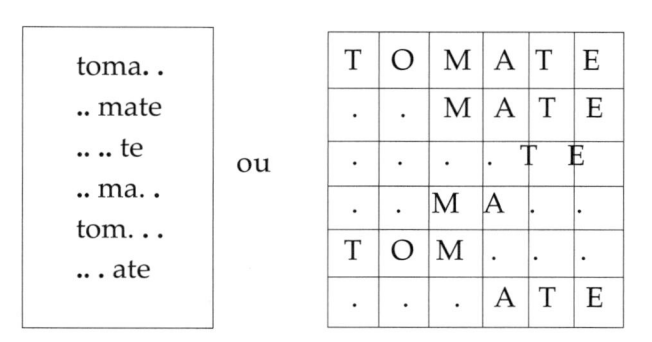

| toma. . | | | | | |
| .. mate | | | | | |
| ... .. te | ou | | | | |
| .. ma. . | | | | | |
| tom. . . | | | | | |
| ... . ate | | | | | |

| T | O | M | A | T | E |
|---|---|---|---|---|---|
| . | . | M | A | T | E |
| . | . | . | . | T | E |
| . | . | M | A | . | . |
| T | O | M | . | . | . |
| . | . | . | A | T | E |

- Com as palavras "nascidas" da palavra geradora, podendo haver alterações de flexão e acentuação, é possível imaginar um texto ainda em estado bruto, e que vai ser burilado. Não é necessário usar todas as palavras encontradas nem respeitar a ordem em que aparecem no exemplo acima.

O próximo passo é ordená-las, acrescentando outras de modo a produzir um texto compreensível e, se possível, agradável de se ler e ouvir:

Um tomate vermelhinho
na fruteira a esperar...
Tom até quer tomar um suco,
mas só serve de cajá!
Chá de mate está prontinho,
mas Tom não quer nem pensar.
Mas quando ele vê o tomate
brilhando ao sol da manhã
resolve querer um suco
de tomate com... hortelã.

(Neusa Sorrenti. Inédito)

Por ocasião da chegada da primavera, em oficinas no Colégio Soma, em Belo Horizonte, e no Centro Regional de Referência do Professor, Polo Diamantina, MG, as professoras Leila Dark e Edla Aparecida Miranda, respectivamente, apresentaram os seguintes poemas, a partir das palavras margarida e jasmim, usando a mesma técnica criada por Queirós.

| M A R G A R I D A | J A S M I M |
|---|---|
| M A R . . . . . . | J A . . . . |
| . A R . . . I D A | A . . I . |
| . . R . A R . . A | . . . M I M |

Margarida
Terra sem mar
Terra árida
rara margarida

## Oficina 8: Na trilha do Poeta

Inicialmente vale esclarecer que o trabalho proposto nesta oficina visa apresentar e/ou homenagear um poeta, ao mesmo tempo em que se promove a produção de textos poéticos construídos a partir de uma ideia inicial – que funcionaria como uma espécie de mote. Mote é um pensamento expresso em um ou mais versos e que serve de ponto de partida para se desenvolver outros versos.

O professor e a turma elegem um poeta de cuja obra serão extraídos os versos iniciais. A turma será dividida em grupos e receberá uma folha de cartolina ou papel pardo de aproximadamente 45cm X 60cm. No alto dessa folha estarão os versos iniciais do poeta, previamente escritos pelo professor, para que os alunos continuem o texto, mas sem conhecer os versos subsequentes.

Os alunos fazem o rascunho do texto numa folha à parte e revisam. Depois é hora de passá-lo a limpo no cartaz de cartolina, usando pincel atômico para que fique bem legível. Se quiserem, podem ilustrá-lo, desenhando, pintando, colando gravuras – num belo diálogo com o texto, como já foi comentado.

É aconselhável que o professor coloque, na parte inferior de cada cartaz, o nome do poema e da obra de onde foram retirados os versos iniciais, para que os alunos compreendam a importância do registro da autoria.

Após a apresentação dos poemas dos alunos, o professor propõe a leitura dos poemas do autor homenageado, abrindo também um espaço para que sejam feitos comentários sobre os temas enfocados nos textos dos alunos e aqueles enfocados nos textos do poeta.

Vale notar que um elogio sincero sobre um ou mais aspectos do texto do aluno cai muito bem. O poeta focalizado, no início da carreira, deve ter experimentado a mesma emoção...

# A exposição dos trabalhos dos alunos

Depois do trabalho desenvolvido nas oficinas, vale propor à turma uma exposição dos poemas em local apropriado da escola ou a organização de um livro com os melhores poemas produzidos durante o bimestre, semestre ou ano. Para isso, é preciso organizar os textos, digitá-los, imprimi-los, encaderná-los e colocá-los à disposição do leitor.

Além do livro, há outras formas de expor o trabalho produzido. De modo geral, os alunos da primeira faixa do Ensino Fundamental gostam de usar ornamentos e outros recursos na apresentação de seus trabalhos. Valem-se de muitas cores, lápis e pincéis variados, colagem de gravuras, aproveitamento de tecidos e materiais diversos. Os adolescentes já têm gostos diferentes, mas também apreciam o trabalho criativo e bem apresentado.

Seguem-se algumas sugestões de suportes para a apresentação de poemas. Todos foram experimentados em oficinas realizadas com crianças, com jovens e com educadores.

1- "Arraiá da puisia": oficina enfocando poemas sobre festas juninas. Propor a escrita do poema em bandeirinhas de papel ofício colado sobre um fundo de papel de presente ou papel de propaganda de supermercado. Uma das bandeirinhas traz o nome da oficina.

Arraiá da puisia

2- "Floração de poemas": oficina enfocando temas pertinentes à primavera, dia da árvore, dia do meio ambiente... Utilizar uma base de folha de isopor coberta de papel crepom verde. Nesse suporte os alunos espetarão flores de cartolina com hastes de pau de picolé. No miolo da flor escreverão o poema.

Floração de poemas

3- "Álbum de poemas": oficina que pode privilegiar qualquer tema. Usar álbum de fotografia "desativado", isto é, colocar no lugar das fotos reveladas, pedaços de papel colorido ou branco. Neles, cada aluno escreve o seu poema.

Mas lembre-se: se quiser que o álbum se transforme em livro, a primeira página precisa funcionar como página ou folha de rosto, ou seja, deverá conter, no alto o nome do autor (ou autores), no centro o nome do livro e embaixo o nome da editora (nome inventado ou nome da escola, por exemplo) – itens que também constarão na capa.

Álbum de poemas

4-"Toalha de renda": oficina abordando o dia das Mães ou outra pessoa homenageada. Distribuir um retângulo ou círculo de papel de seda. Com a tesoura, mostrar como se faz uma toalha de papel. Sobre esse fundo, colar o poema.

**A palavra MÃE**
Neusa Sorrenti

A palavra mãe
não rima com nada,
mas rima com tudo.
Com dia, com tarde
Com as estrelas da noite
e com a chuva da madrugada.

A palavra mãe
parece violeta
brilhando escondida
no meio das folhas.
Às vezes, tão quieta...
Às vezes, borboleta...

A palavra mãe
coleciona euforia,
doçura, bondade,
amizade, ternura -
sempre embrulhadas
no lenço do dia-a-dia.

A palavra mãe
faz sarar o esfolado
melhora a cabeça,
a unha encravada...
E os amores que vivem
de estômago embrulhado.

A palavra mãe
dá ordens à pia,
comanda o fogão,
varre logo a tristeza.
Tira a fina poeira
Da melancolia.

No esconderijo do tempo
onde mora o coração
Mãe tem **M** de Maria
Tem **A** de amor pra sempre
Um **E** verde-azul de esperança
E o divinc **til** do perdão

Toalha de renda

5- "Calendário poético": oficina a partir das ilustrações do calendário, geralmente focalizando datas comemorativas: carnaval, dia do trabalho, festa junina, dia do folclore, etc. Reunir alguns calendários de mesa e cobrir o quadro das datas com papel colorido. De acordo com as imagens do calendário, os alunos produzirão os poemas, transcrevendo-os sobre o papel colorido.

Calendário poético

6- "Álbum sanfonado": presta-se como suporte para qualquer oficina de poesia e até para se fazer um livro com narrativa em prosa. Emendar com fita crepe dez folhas ou mais de papel resistente, cortadas em tamanho A4 ou outro à escolha. Cada aluno será responsável pela escrita de um poema numa dessas folhas. Após a exposição das folhas abertas, o varal poderá ser dobrado, transformando-se num livro fácil de ser acomodado no armário da sala ou na prateleira da biblioteca.

Álbum sanfonado

Álbum sanfonado

7- "Poesia no catálogo": oficina enfocando temas variados. Consiste no aproveitamento de catálogos usados (de editoras, de moda, de joalherias...). Nos espaços centrais da propaganda do produto, colar pedaços de papel que combinem com o fundo. Neles os alunos escreverão os seus poemas. Os adolescentes certamente apreciarão catálogos de marcas de *jeans* e de tênis produzidos para eles.

Poesia no catálogo

8- "Poema na caixinha": aproveitar caixinhas de papelão de formato interessante (embalagens de sabonete, de cosméticos em geral, de bijuteria...) para "guardar" poemas.

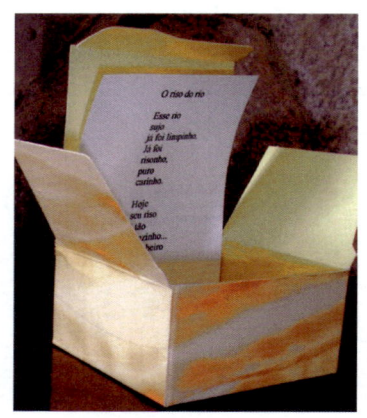
Poema na caixinha

9- "Gravateiro poético": oficina privilegiando textos que focalizam a figura masculina (pai, avô, amigo, padrinho, etc.). Cada poema pode ser escrito numa gravata de cartolina colorida e dependurada num porta-gravata de plástico, vendido em lojas de utilidades para o lar.

Gravateiro poético

Com base nessas sugestões, professores e mediadores de leitura têm toda a liberdade para adaptar e criar novos suportes para a apresentação dos trabalhos. A poesia ganha um novo alento, quando sai do caderno da criança e do adolescente e se coloca à disposição para ser lida e apreciada.

# Final de conversa?
## Poesia na escola: encantamento sem prazo de validade

*Receita de inventar presentes*

*colher braçadas de flores*
*bambus folhas e ventos*
*e as sete cores do arco-íris*
*quando pousam no horizonte*
*juntar tudo por um instante*
*num caldeirão de magia*
*e então inventar um pássaro louco*
*um novo passo de dança*
*uma caixa de poesia*
Roseana Murray

Não sabemos dizer se agora seria um final de conversa ou hora de começar com entusiasmo um novo trabalho. De qualquer forma, vale reforçar o arremate de alguns poucos fios, se porventura aparecerem alguns meio soltos.

Mais do que nunca, é tempo de valorizar o perfil do leitor do texto poético, lembrando o papel preponderante que tem a interação texto-leitor. Tal interação, vista à luz da contiguidade, da correspondência que se avizinha no jogo da troca de experiências, reforça ainda mais a importância do papel do professor na tarefa de iluminar o grande encontro entre o texto poético e o aluno.

Voltando no tempo, vale perguntar se Olavo Bilac, em 1904, aludindo à precariedade dos textos disponíveis à infância de seu tempo, na apresentação de suas *Poesias infantis* estava mesmo com a razão. Ele criticava o livro cheio de histórias maravilhosas e tolas, que tinham a propriedade de desenvolver a credulidade das crianças, fazendo-as ter medo de coisas que não existem. Temia também os livros de poesia, cujos autores, querendo evitar o apuro do estilo, faziam períodos sem sintaxe e versos sem metrificação. Hoje os poemas falam de tudo; da alegria, da dor, da fantasia, do medo, do sonho... E os versos têm os tamanhos os mais variados.

Após um período de cem anos que separa a publicação dos versos bilaquianos deste nosso século XXI, o cenário da poesia para crianças parece mostrar-se com alterações consideráveis. O que parecia medonho aos olhos de Bilac, pode ser visto hoje como criativo e relevante. Sabe-se que para inovar é preciso primeiro conhecer o geralmente admitido.

Muitos poetas se debruçaram sobre o soneto, para depois frequentar a modernidade. Se Bilac temia os versos sem metrificação, os poetas de hoje, numa postura arejada, os consideram inofensivos ao apuro do estilo. Afinal, os tempos mudam. Mudam-se as estratégias literárias. Mudam-se as recepções, provocando as mudanças das abordagens analíticas.

O mercado editorial tem revelado ultimamente alguns talentos na poesia para crianças e jovens. São poetas que têm conseguido esmero na carpintaria do texto, tratando de assuntos complexos com adequação e respeito. Com isso sensibilizam o público infantil e juvenil, que é visto como dotado de inteligência, capaz de refletir e criticar. Nessa poesia de qualidade não se evidencia o caráter didatizante do texto. Pelo contrário: o leitor se vê diante de propostas que se abrem para serem questionadas.

Mesmo sabendo que os textos de qualidade auxiliam na prática de leitura na sala de aula, acredito que apenas isso não resolve, ou seja, como a andorinha, um livro bom não basta para fazer o verão na escola. As relações entre poesia e escola mostram-se mais complexas e não se resolvem apenas por obra e graça de uma melhor seleção de textos.

Assim como a poesia não é um amontoado de sentidos absolutos e imutáveis, também o leitor não tem de ser estático: pode questionar e rever seus valores.

E nessa revisão, torna-se possível pensar no quanto o adulto continua sendo um programador para o receptor infantil e juvenil, sobretudo em termos de literatura – para não falar de outros aspectos que dispersariam a nossa linha de raciocínio.

Para esse adulto é que vai, amorosamente, a receita da epígrafe: que ele tenha um olhar sensível e curioso para juntar braçadas de flores, bambus, folhas e ventos. Que ele saiba misturar, com mãos de alquimista, todos os perfumes, cores e sons, transformando o espaço da escola numa *caixa de poesia*. Caixa fácil de ser aberta. Toda hora, todo dia. Porque quem se acostuma a brincar, a pensar e a questionar o cotidiano, conserva o seu encantamento para sempre. Sem prazo de validade.

Belo Horizonte, verão de 2007.

# Referências

ABRAMOVICH, Fanny. *O estranho mundo que se mostra às crianças*. São Paulo: Summus, 1983.

ABRAMOVICH, Fanny. *Literatura infantil: gostosuras e bobices*. São Paulo: Scipione, 1989.

AGUIAR, Joaquim. *A poesia da canção*. São Paulo: Scipione, 1996.

AGUIAR, Vera (Org.). *Poesia fora da estante*. v. 1 e 2. Porto Alegre: Projeto; CPL/PUCRS, 1996 e 2002.

AMARAL, Maria Lúcia. *Criança é criança: literatura infantil e seus problemas*. Petrópolis: Vozes, 1981.

ARROYO, Leonardo. *Literatura infantil brasileira*. São Paulo: Melhoramentos, 1990.

AVERBUCK, Lígia Morrone. A poesia e a escola. In: *Leitura em crise na escola: as alternativas do professor*. Regina Zilberman (Org.). 5 ed. Mercado Aberto: Porto Alegre, 1985.

AZEVEDO, Ricardo. Pensando em ilustrações de livros. *Releitura*. Belo Horizonte: Biblioteca Pública Infantil e Juvenil de Belo Horizonte. n. 0, ago./set., 1991.

AZEVEDO, Ricardo. Imagens iluminando livros. *Releitura*. Belo Horizonte: Biblioteca Pública Infantile e Juvenil de Belo Horizonte. n. 16, dez. 2002.

BARTHES. Roland. *O prazer do texto*. Trad. J. Guinsburg. São Paulo: Perspectiva, 1992.

BILAC, Olavo. *Poesias infantis*. Rio de Janeiro: Francisco Alves, 1949.

BORDINI, Maria da Glória. *Poesia infantil*. São Paulo: Ática, 1986.

BRAGATO FILHO, Paulo. *Pela leitura literária na escola de 1º grau*. São Paulo: Ática, 1995.

CADEMARTORI, Ligia. *O que é literatura infantil*. 5. ed. São Paulo: Brasiliense, 1991.

CALVINO, Ítalo. *Seis propostas para o próximo milênio*. Trad. Ivo Barroso. São Paulo: Companhia das Letras, 1993.

CAMARGO, Luís. Diálogo entre poesia e ilustração no Livro das crianças, de Zalina Rolim. *Presença Pedagógica*. Belo Horizonte: Dimensão, v. 4, n. 19, 1998.

CAMARGO, Luís. *Ilustração do livro infantil*. Belo Horizonte: Lê, 1995.

CANDIDO, Antonio. *Na sala de aula: caderno de análise literária*. 3. ed. São Paulo: Ática, 1989.

CEGALLA, Domingos Paschoal. *Novíssima Gramática da Língua Portuguesa*. São Paulo: Editora Nacional, 1993.

CLAVER, Ronald. *Escrever sem doer: oficina de redação*. Belo Horizonte: UFMG, 1992.

CLAVER, Ronald. *Escrever com prazer: oficina de produção de textos*. Belo Horizonte: Dimensão, 1999.

CLAVER, Ronald. *Escrever e brincar: oficina de textos*. Belo Horizonte: Autêntica, 2002.

COELHO, Nelly Novaes. *Literatura infantil: teoria, análise, didática*. 5. ed. São Paulo: Ática, 1991.

COELHO, Nelly Novaes. *Panorama histórico da Literatura infantil/juvenil: das origens indo-européias ao Brasil contemporâneo*. 4. ed. São Paulo: Ática, 1991.

COMPAGNON, Antoine. *O trabalho da citação*. Trad. Cleonice P. B. Mourão. Belo Horizonte: UFMG, 1996.

CUNHA, Leo. Poesia e humor para crianças. In: OLIVEIRA, Ieda (Org.). *O que é qualidade em literatura infantil e juvenil? Com a palavra, o escritor*. São Paulo: DCL, 2005.

CUNHA, Maria Antonieta Antunes. A ilustração no livro infantil. In: Secretaria de Estado de Educação de Minas Gerais. *Cadernos de Informação e Arte: palavra imagem*. Belo Horizonte: SEE/MG: n. 4, 1996.

CUNHA, Maria Antonieta Antunes. *Literatura infantil: teoria e prática*. 10. ed. São Paulo: Ática, 1990.

CUNHA, Maria Antonieta Antunes. *Poesia na escola*. São Paulo: Discubra, 1976.

CURY, Maria Zilda Ferreira. Intertextualidade: uma prática contraditória. *Ensaios de Semiótica*. Belo Horizonte: Imprensa Universitária da UFMG, 1982.

ECO, Umberto. *Lector in fabula: a cooperação interpretativa nos textos narrativos*. Trad. Attilio Cancian. São Paulo: Perspectiva, 1986.

ECO, Umberto. *Seis passeios pelos bosques da ficção*. Trad. Hildegard Feist. São Paulo: Companhia das Letras, 1994.

ECO, Umberto. *Sobre a literatura*. Trad. Eliana Aguiar. 2. ed. Rio de Janeiro: Record, 2003.

EVANGELISTA, Aracy Alves Martins *et al.* (Orgs). *Escolarização da leitura literária: o jogo do livro infantil*. 2. ed. Belo Horizonte: CEALE / Autêntica, 2001.

FACHINELLI, Nelson do L. (Org). *Mario Quintana: vida e obra*. Porto Alegre: Bels, 1976.

FERREIRA, Aurélio Buarque de. *Novo dicionário da língua portuguesa*. 2. ed. Rio de Janeiro: Nova Fronteira, 1986.

GANCHO, Cândida Vilares. *Introdução à poesia: teoria e prática*. São Paulo: Atual, 1989.

GEBARA, Ana Elvira Luciano. *A poesia na escola: leitura e análise para criança*. São Paulo: Cortez, 2002.

GHEERBRANT, Alain; CHEVALIER, Jean. *Dicionário de símbolos.* Trad. Vera da Costa e Silva *et al*. 6 ed. Rio de Janeiro: José Olympio, 1992.

GOES, Lúcia Pimentel. *Introdução à literatura infantil e juvenil*. São Paulo: Pioneira, 1984.

GOLDSTEIN, Norma. *Análise do poema*. São Paulo: Ática, 1988.

GOLDSTEIN, Norma. *Versos, sons, ritmos*. 7. ed. São Paulo: Ática, 1991.

GOULART, Audemaro Taranto; SILVA, Oscar Vieira da. *Introdução ao estudo da literatura*. Belo Horizonte: Lê, 1994.

ISER, Wolfgang. A interação do texto com o leitor. In: JAUSS, Hans Robert *et al. A literatura e o leitor. Textos de Estética da recepção*. Org., trad. e introd. Luiz Costa Lima. Rio de Janeiro: Paz e Terra, 1979.

JOSÉ, Elias. Literatura infantil: opção ou imposição? *Leitura: teoria e prática*. Campinas: Associação de Leitura do Brasil, v. 10, p. 3-4, dez. 1987.

JOSÉ, Elias. *A poesia pede passagem: um guia para levar a poesia às escolas*. São Paulo: Paulus, 2003.

KHÉDE, Sônia Salomão (Org.). *Literatura infanto-juvenil: um gênero polêmico*. 2. ed. Porto Alegre: Mercado Aberto, 1986.

KHÉDE, Sônia Salomão. A marca cultural da dominação nos textos infanto-juvenis. *Revista Ciência e cultura*. 35 (12), dez. 1983.

KOCH, Ingedore Vilaça. *A inter-ação pela linguagem*. São Paulo: Contexto, 1992.

LAGO, Angela. Anotações descosturadas sobre ilustrações e livros de imagens. *Releitura*. Belo Horizonte. Biblioteca Pública Infantil e Juvenil de Belo Horizonte, n. 0 , ago./set. 91.

LAGO, Ângela. Ler com imagens. In: *Releitura*. Belo Horizonte: BPIJPBH, n. 20, jan. 2007.

LAJOLO, Marisa. Poesia: uma frágil vítima de manuais escolares. *Leitura: teoria e prática*. Campinas: Associação de Leitura do Brasil, n. 4, p. 19-25, dez. 1984.

LAJOLO, Marisa; ZILBERMAN, Regina. *Literatura infantil brasileira: história e histórias*. 3. ed. São Paulo: Ática, 1987.

LYRA, Pedro. *Conceito de poesia*. São Paulo: Ática, 1986.

MACHADO, Irene. *Literatura e redação*. São Paulo: Scipione, 1994.

MACHADO, Maria Zélia Versiani. Cadê a poesia que estava aqui? In: *Literatura infantil na escola: leitores e textos em construção*. Belo Horizonte: CEALE/ Formato, v. 2, ano I, maio 1996.

MAIA, João Domingues. *Brincar com palavras*. Manual do professor, v. 3. São Paulo: Scipione, 2001.

MENDES, Maria B. Teixeira. A recepção da literatura infantil na escola de 1º grau. *Leitura: teoria e prática*. Campinas: Associação de Leitura do Brasil, 13, p. 37-40, jun. 1989.

MOREIRA, Teresinha Taborda. Tempos da poética infantil. In: *Releitura*. Belo Horizonte, Biblioteca Pública Infantil e Juvenil de Belo Horizonte, n. 10, jun, 1997.

NICOLA, José de; INFANTE, Ulisses. *Análise e interpretação de poesia*. São Paulo: Scipione, 1995.

OLIVEIRA, Alaíde Lisboa de. *Da alfabetização ao gosto pela leitura*. Belo Horizonte: Imprensa Oficial, 1991.

PACHECO, Elza Dias (Org.). *Comunicação, educação e arte na cultura infanto-juvenil*. São Paulo: Loyola, 1991.

PAES, José Paulo. A hora e a vez do leitor. In: *Transleituras: ensaios de interpretação literária*. São Paulo: Ática, 1995.

PAIXÃO, Fernando. *O que é poesia*. 3. ed. São Paulo: Brasiliense, 1984.

PAULINO, Graça *et al*. *Intertextualidades: teoria e prática*. Belo Horizonte: Lê, 1995.

PAULINO, Graça *et al*. Práticas de seleção de leituras. In: PAULINO, Graça; WALTY, Ivete (Orgs.). *Teoria da literatura na escola: atualização para professores de I e II graus*. Belo Horizonte: Lê, 1994.

PAZ, Octavio. *Signos em rotação*. Trad. Sebastião Uchoa Leite. São Paulo: Perspectiva, 1972.

PEIXOTO, Sérgio Alves. *A poesia de Mario Quintana*. Belo Horizonte: Lê, 1994.

PERRONE-MOISÉS, Leyla. História literária e julgamento de valor. In: *Anais do 2º Congresso ABRALIC*. Belo Horizonte, UFMG, 1991, v.1.

PERROTTI, Edmir. *O texto sedutor na literatura infantil*. São Paulo: Ícone, 1986.

PIGNATARI, Décio. *Comunicação poética*. 2. ed. São Paulo: Cortez & Morais, 1978.

QUEIRÓS, Bartolomeu Campos. Menino temporão. In: PAULINO, Graça (Org.). *O jogo do livro infantil: textos selecionados para formação de professores*. Belo Horizonte: Dimensão, 1997.

RAMOS, Maria Luiza. Reflexões sobre os estudos literários. *Revista de Estudos de Literatura*. Belo Horizonte: UFMG, out. 1994, v. 2.

RESENDE, Vânia Maria. *Vivências de leitura e expressão criadora*. São Paulo: Saraiva, 1993.

ROZÁRIO, Denira (Org.). *Palavra de poeta: coletânea de entrevistas e antologia poética*. Rio de Janeiro: José Olympio, 1989.

SANT'ANNA, Afonso Romano de. *Paródia, paráfrase & cia*. São Paulo: Ática, 1985

SANTIAGO, Silviano. Singular e anônimo. In: SANTIAGO, Silviano. *Nas malhas da letra: ensaios*. São Paulo: Companhia das Letras, 1984.

SILVA, Maurício da. *Repensando a leitura na escola: um outro mosaico*. Niterói: Ed. UFF/Rio de Janeiro: Diadorim, 1995.

SOSA, Jesualdo. *A literatura infantil*. Trad. James Amado. São Paulo: Cultrix/Ed. da Universidade de São Paulo, 1978.

SVANASCINI, Osvaldo. *Três mestres do haikai: Bashô, Buson, Issa*. Trad. Maria Ramos. Rio de Janeiro: Cátedra, 1974.

TÁVORA, Araken. *Encontro marcado com Mario Quintana*. 2. ed. Porto Alegre: L&PM, 1986.

TEODORO, Maria Aparecida de Assis. Criança e literatura. *Presença Pedagógica*. Belo Horizonte, 18, p. 29-35, nov/dez, 1997.

VAN STEEN, Edla (Org.). *Viver & escrever*. Porto Alegre: L&PM, 1981.

VARGAS, Suzana. *Leitura: uma aprendizagem de prazer*. Rio de Janeiro: José Olympio, 1993.

VIANA, Vivina de Assis; ABRAMOVICH, Fanny. De volta às escrituras. *Revista Presença Pedagógica*. Belo Horizonte, n. 4, p. 5-19, maio/jun. 1995.

WALTY, Ivete. Diálogo entre textos. In: *Literatura infantil na escola: leitores e textos em construção*. Intermédio/Cadernos CEALE. Belo Horizonte: CEALE: Formato. Ano I, maio 1996, v. 2.

WALTY, Ivete *et al. Palavra e imagem: leituras cruzadas*. Belo Horizonte: Autêntica, 2000.

WALTY, Ivete. Reflexões sobre a poesia. *Revista Ensaios de Semiótica: Cadernos de Lingüística e Teoria da Literatura*. Belo Horizonte: Faculdade de Letras da UFMG, n. 12, p. 93-102, dez. 1984.

WALTY, Ivete; CURY, Maria Zilda. *Textos sobre textos: um estudo da metalinguagem*. Belo Horizonte: Dimensão, 1999.

YUNES, Eliana & PONDÉ, Glória. *Leitura e leituras da literatura infantil*. São Paulo: FTD, 1988.

ZILBERMAN, Regina; LAJOLO, Marisa. *Um Brasil para crianças. Para conhecer a literatura infantil brasileira: histórias, autores e textos*. São Paulo: Global, 1988.

ZILBERMAN, Regina. *Estética da recepção e história da literatura*. São Paulo: Ática, 1989.

ZILBERMAN, Regina (Org.). *Leitura em crise na escola: as alternativas do professor*. Porto Alegre: Mercado Aberto, 1985.

ZILBERMAN, Regina. *A literatura infantil na escola*. 4. ed. São Paulo: Global, 1985.

ZILBERMAN, Regina. O lugar do leitor na produção e recepção da literatura infantil. In: KHÉDE, Sonia Salomão (Org.). *Literatura infanto-juvenil: um gênero polêmico*. Porto Alegre: Mercado Aberto, 1986.

ZILBERMAN, Regina. *Literatura infantil brasileira: história & histórias*. 3. ed. São Paulo: Ática, 1987.

# Literatura infantil e juvenil
## Referências e sugestões de leitura

AGUIAR, Vera (Coord.). *Poesia fora da estante*. 2. ed. v. 1. Porto Alegre: Projeto/CPL/ PUCRS, 1996.

ALVES, Beatriz Veloso. *12 poemas e rabiscos*. Porto Alegre: Kuarup, 1994.

AMARANTE, Wania. *Quarto de costura*. Belo Horizonte: Miguilim, 1991.

ANDRADE, Carlos Drummond de. *Antologia poética*. Seleção e organização do Núcleo de Estudos Drummondianos / Fundação Cultural Carlos Drummond de Andrade / Faculdade de Ciências Humanas de Itabira / Professores da Rede Municipal: Itabira, 1997.

ANDRESEN, Sophia de Mello Breyner (Org.). *Primeiro livro de poesia: poemas em língua portuguesa para a infância e a adolescência*. 6. ed. Lisboa: Caminho, 1999.

ARAGÃO, Cristina. *Ilerê: Rimas para crianças*. Recife: Bagaço, 1992.

ASSIS, Joana d'Arc Tôrres de. *De presente*. Belo Horizonte: Dimensão, 2004.

ASSIS, Cecy Fernandes de. *Que nem elas que nem*. São Paulo: Formato, 1998.

BANDEIRA, Manuel. *Antologia poética*. 20. ed. Rio de Janeiro: José Olympio, 1990.

BANDEIRA, MANUEL. In: QUEIRÓS, Bartolomeu Campos de (Org.). *Para querer bem. Antologia poética de Manuel Bandeira*. São Paulo: Moderna, 2005.

BARRETO, Antônio. *Vagalovnis*. Belo Horizonte: Dimensão, 2003.

BARROS, Manoel de. *Arranjos para assobio*. Rio de Janeiro: Record, 1998.

BELINKY, Tatiana. *Limeriques das coisas boas*. São Paulo: Formato, 1994.

BICALHO, Marcelo. *Corujices*. São Paulo: Formato, 1996.

BINHO. *Na ponta da língua*. Belo Horizonte: Miguilim, 1991.

CAPPARELLI, Sérgio; GRUZYNSKI. *Poesia visual*. 3. ed. São Paulo: Global, 2003.

CAPPARELLI, Sérgio. *Tigres no quintal*. 3. ed. Porto Alegre: Kuarup, 1989.

CAPPARELLI, Sérgio. *33 ciberpoemas e uma fábula virtual*. Porto Alegre: L&PM, 1996.

CARROLL, Lewis. *Rimas no país das maravilhas*. Seleção e trad. José Paulo Paes. São Paulo: Ática, s.d.

CARUSO, Carla. *Bicho, bichinho, bichão*. Belo Horizonte: Dimensão, 1998.

CASTRO, José de. *Poemares*. Belo Horizonte: Dimensão, 2007.

CLAVER, Ronald. *Hoje tem poesia*. Belo Horizonte: Dimensão, 2005.

CLAVER, Ronald (Org.) *Rumo à Estação Poesia*. Belo Horizonte: Dimensão, 2001.

COELHO, André Salles. *O menino Lê*. Xilogravuras de Tereza Moura. Belo Horizonte: Dimensão, 2005.

CORREIA, Almir. *Poemas sapecas, rimas traquinas*. São Paulo: Formato, 1997.

CORREIA, Almir. *Anúncios amorosos dos bichos*. São Paulo: Biruta, 2005.

CORREIA, Almir. *Meu poema abana o rabo*. São Paulo: Biruta, 2004.

COSTA, José Mauro da (Org.).*Ouvindo estrelas: antologia*. Belo Horizonte: Maza Edições, 2003.

CUNHA, Leo. *Debaixo de um tapete voador*. Rio de Janeiro: Ediouro, 1997.

CUNHA, Leo. *Olhar de bichos*. v. 2/ Leo Cunha, Neusa Sorrenti, Bartolomeu Campos de Queirós. Belo Horizonte: Dimensão, 2002.

CUNHA, Leo. *Poemas lambuzados*. 2. ed. São Paulo: Saraiva, 2003.

DIAS, Iêda. *Canção da menina descalça*. Belo Horizonte: RHJ, 1993.

DIAS, Iêda. *Reflexo*. Belo Horizonte: Compor, 1995.

FERREIRA, Celina. *Papagaio Gaio: poeminhas*. São Paulo: Formato, 1998.

JOSÉ, Elias. *Caixa mágica de surpresa*. São Paulo: Paulus, 2003.

JOSÉ, Elias. *Mínimas descobertas*. São Paulo, Paulus, 2005.

JOSÉ, Elias. *Quem lê com pressa tropeça: ABC do trava-língua*. Belo Horizonte: Lê, 1998.

LAGO, Angela. *ABCDoido*. São Paulo: Melhoramentos, 1999.

LEAR, Edward. *Sem cabeça nem pé*. 3. ed. Trad. José Paulo Paes. São Paulo: Ática, 1992.

LEMOS, Gláucia. *O cão azul e outros poemas*. São Paulo: Formato, 1999.

LISBOA, Henriqueta. *O menino poeta*. Edição especial ampliada. Belo Horizonte: Imprensa Oficial, 1975.

LISBOA, Henriqueta. *O menino poeta*. Porto Alegre: Mercado Aberto, 1991.

MACHADO, Mônica Versiani. *Jogo de bicho (poemas visuais)*. Belo Horizonte: Miguilim, 1991.

MARQUES, Francisco (Chico dos Bonecos). *Galeio: antologia poética para crianças e adultos*. São Paulo: Peirópolis, 2004.

MEIRELES, Cecília. *Obra completa*. Rio de Janeiro: Nova Aguilar, 1987.

MEIRELES, Cecília. *Ou isto ou aquilo*. 6. ed. Rio de Janeiro: Nova Fronteira, 1990.

NANI. *Cachorro quente uivando pra lua*. São Paulo: Formato, 1987.

NEVES, Libério. *Animagens*. Belo Horizonte: RHJ, 1988.

NEVES, Libério. *Mineragem*. Belo Horizonte: Lê, 2006.

NEVES, Libério. *Voa palavra*. São Paulo: Formato, 1995.

ORTHOF, Sylvia. *A poesia é uma pulga*. São Paulo: Atual, 1991.

PAES, José Paulo. *Um passarinho me contou*. São Paulo: Ática, 1996.

PAES, José Paulo. *Poemas para brincar*. 4 ed. São Paulo: Ática, 1991.

PEDRA AZUL, Paulinho. *Uma fada nos meus olhos*. Belo Horizonte: Lê, 1989.

PEDRA AZUL, Paulinho. *A menina na janela*. Belo Horizonte: Lê, 1997.

PEREIRA, Edimilson de Almeida. *O Primeiro Menino*. Juiz de Fora: Franco Ed., 2003.

PEREIRA, Wilson. In: CLAVER, Ronald. *Rumo à Estação Poesia*. Belo Horizonte: Dimensão, 2001.

PESSOA, Fernando. *Comboio, saudades e caracóis*. São Paulo: FTD, 1996.

QUEIRÓS, Bartolomeu Campos de (Org.). *As palavras voam: antologia poética de Cecília Meireles*. São Paulo, Moderna, 2005.

QUEIRÓS, Bartolomeu Campos de (Org.). *Para querer bem: antologia poética de Manuel Bandeira*. São Paulo: Moderna. 2005.

QUINTANA, Mario. *Anotações poéticas*. São Paulo: Globo, 1996.

QUINTANA, Mario. *Esconderijos do tempo*. São Paulo: Globo, 1995.

QUINTANA, Mario. *Nova antologia poética*. 5 ed. São Paulo: Globo, 1995.

QUINTANA, Mario. *Poesias*. São Paulo: Globo, 1995.

RIBEIRO, Ana Elisa. *Perversa*. São Paulo: Ciência do Acidente, 2002.

RIBEIRO, Darcy. *Noções de coisas*. São Paulo: FTD, 1995.

RICARDO, Cassiano. *Antologia poética*. São Paulo: Ed. do Autor, 1964.

RIOS, Maria da Graça. *Hai-kai balão*. Belo Horizonte: Miguilim, 1993.

RODRIGUES, Yone. *Namorados*. Belo Horizonte: Lê, 1999.

ROSA, Noel. *Noel Rosa: seleção de textos, estudo biográfico, histórico e crítico de João Antônio Ferreira Filho*. São Paulo: Abril Educação, 1982. (Série Literatura comentada).

SORRENTI, Neusa. *Chorinho de riacho e outros poemas para cantar*. São Paulo: Formato, 2006.

SORRENTI, Neusa. *Era uma vez eu*. São Paulo: Formato, 1997.

SORRENTI, Neusa. *O gatinho que cantava*. Belo Horizonte: Lê, 1998.

SORRENTI, Neusa. *Paisagem de menino*. Juiz de Fora: Franco Ed. 2004.

SORRENTI, Neusa. *Pardal na cozinha*. Belo Horizonte: Lê, 1998.

SOUZA, Angela Leite de. *Lição das horas*. Belo Horizonte: Miguilim, s.d.

SOUZA, Angela Leite de. *Palavras são pássaros*. São Paulo: Salesiana, 2006.

SOUZA, Angela Leite de. *Três gotas de poesia (haicais)*. São Paulo: Moderna, 1996.

TELLES, Carlos Queiroz. *Abobrinha quando cresce*. São Paulo: Moderna, 1993.

TIMÓTEO, Vanderlei. *A menina de olhinhos rasgados*. Belo Horizonte: Dimensão, 2007.

TIMÓTEO, Vanderlei. *Poesia de gente grande*. Belo Horizonte: RHJ, 1999.

Este livro foi composto com tipografia Palatino e impresso
em papel Off set 75 g/m² na Formato Artes Gráficas.